Et si
ce n'était pas
le climat ?

Frédéric Gruet

Et si ce n'était pas le climat ?

La biodiversité, le combat pour changer le monde

Préface de Hélène Soubelet
directrice de La Fondation pour la recherche sur la biodiversité

Collection ESSAI

ediSens

Graphisme et illustrations : Dépli design studio
Mise en page : SIR

ISBN 978-2-35113-401-6

EDISENS
4 rue des Anglais Paris – France
pole-edition@edisens.fr
www.edisens.fr

Merci à Isal Bayle et Aurélie Gasche
pour le soutien, le graphisme et les schémas

Sommaire

Préface

Nous ne manquons ni de connaissances, ni d'outils, ni de solutions pour résoudre la crise écologique : nous manquons d'une vision commune, et surtout de courage. Certes, notre système économique, nos modes de vie sont extrêmement optimisés, il est donc difficile de les modifier. Mais, si nous attendons, la pente sera encore plus raide. Nous ne pouvons tout simplement pas continuer à détruire, exploiter et extraire les ressources naturelles à un rythme effréné car les conséquences sur la qualité de vie des humains seront – et sont déjà dans un certain nombre de situations – dramatiques.

Où en est la connaissance et est-elle facilement accessible ? En 2012, une centaine d'États ont créé l'IPBES : la plateforme intergouvernementale scientifique et politique sur la biodiversité et les services écosystémiques. Elle est à la biodiversité ce que le Giec est au climat. Elle réunit de nombreux scientifiques et experts afin de faire de grandes synthèses de nos connaissances sur le vivant, sur l'effet des pressions humaines, et dessiner différents scenarii de l'avenir de l'humanité. Grâce aux contributions de chercheurs du monde entier, l'IPBES a déjà publié une quinzaine de rapports de plusieurs milliers de pages, tous en accès libre. Pour en faciliter la lecture, des résumés pour les décideurs sont également disponibles dans toutes les langues de l'Onu.

Leurs conclusions ne laissent pas la place au doute : nous sommes sur une pente dangereuse, celle de l'effondrement du tissu vivant tel que nous le connaissons depuis que nous avons colonisé notre planète, il y a une centaine de milliers d'années. Les espèces s'éteignent massivement, beaucoup plus rapidement que précédemment. Cette perte de biodiversité met en péril nos conditions de vie ainsi que celles des autres êtres vivants. Elle altère les services que nous retirons des écosystèmes fonctionnels : la pollinisation des plantes, la régulation de la qualité de l'air et de l'eau, la fertilité du sol, sa formation, l'atténuation du changement climatique, la régulation des pathogènes, la production de nourriture, de fibres, de bois, etc. Mais, malgré leur qualité et leur pertinence, force est de constater que ces rapports ne reçoivent pas encore suffisamment d'attention médiatique et politique.

Et pourtant, les conclusions de ces rapports sont – dans une certaine mesure – optimistes : nous pouvons inverser la tendance ! Les chercheurs et les chercheuses l'affirment. En travaillant les solutions proposées et en nous inscrivant dans les scenarii aboutissant à un futur désirable, nous mettrons un terme à l'extinction massive du vivant. Nous devrons, certes, nous réinventer, presque nous transformer. Ce sera difficile, mais c'est parfaitement faisable. Ce changement repose sur une évolution fondamentale et systémique de notre vision du monde (notre manière de penser, de voir, de savoir), de nos structures (nos modes d'organisation, de régulation, de gouvernance) et de nos pratiques (nos manières de faire, de nous comporter, d'interagir).

L'IPBES a mis en avant cinq causes principales à l'extinction de masse des espèces : le changement d'usage des sols, le prélèvement des ressources naturelles, le changement climatique, la pollution et les invasions biologiques. Les pressions humaines, directes ou indirectes, pèsent sur la biodiversité. Néanmoins, il ne s'agit là, en réalité, que de conséquences, de causes techniques. L'IPBES souligne que les véritables causes de l'extinction du vivant sont à chercher dans nos manières de penser, d'agir, de vivre : notre déconnexion d'avec la nature ; les rapports de domination que nous entretenons envers elle et entre nous ; la concentration du pouvoir et des richesses ; la priorité donnée aux gains individuels et matériels à court terme. C'est là-dessus que nous devons collectivement changer. Nous devons tout mettre en œuvre pour éviter des dommages graves et irréversibles pour les générations futures, pour les autres êtres vivants et également pour nous-même, avec, en première ligne, les populations les plus défavorisées.

Cette transformation radicale de notre vision du monde, de nos structures et de nos pratiques ne fera pas que des gagnants à court terme. Celles et ceux qui détiennent aujourd'hui une position dominante tentent, d'ailleurs contre leur propre intérêt de moyen et long terme, de maintenir un statu quo. Partager n'a jamais été évident. Ils ont une forte capacité de blocage et ne se privent pas de l'utiliser. Nous devons réussir collectivement à convaincre et à franchir ces obstacles.

Il faut pour cela continuer de s'appuyer sur la science. Son éclairage est plus que jamais nécessaire. Montrer l'urgence, évaluer les impacts, les injustices, identifier les actions vertueuses mettre en avant des solutions qui sont confirmées par des chiffres fiables. Dans un monde de plus en plus instable et fluctuant, la méthode scientifique basée sur le doute et la confirmation robuste d'hypothèses permet à la fois la mise à jour permanente des connaissances et la correction des trajectoires délétères.

Nous sommes en présence d'une polycrise écologique. Il n'y en a pas qu'une, il y en a plusieurs : l'alimentation, le changement climatique, la santé, la biodiversité, l'eau. Et elles sont interconnectées. C'est ce que l'on appelle le « Nexus », en référence au dernier rapport de l'IPBES publié en décembre 2024. Il faut résoudre ces crises en même temps afin que les solutions apportées à l'une d'elles ne deviennent un problème pour les autres. Déforester massivement pour implanter des éoliennes ou des panneaux solaires n'est, par exemple, pas une bonne idée. Mais comment traiter conjointement ces enjeux ? Aujourd'hui, beaucoup des solutions apportées aux crises écologiques ne traitent qu'un seul des aspects du Nexus, bien souvent d'ailleurs la seule crise climatique, (enjeu fondamental, là n'est pas la question). Or, la conclusion majeure du dernier rapport montre qu'il est nécessaire de mettre en place des solutions qui prennent en compte l'ensemble des problématiques écologiques. L'IPBES propose par exemple soixante-dix solutions qui améliorent la situation pour au moins deux des aspects du Nexus.

Dans son livre Frédéric Gruet traite l'une des crises du Nexus trop souvent négligées par les médias et les politiques : la biodiversité. C'est également celle sur laquelle je travaille depuis de nombreuses années. Ma conviction est que les changements systémiques ne sont pas simples à mettre en œuvre, mais ne rien changer sera encore plus difficile à gérer, en particulier pour les populations défavorisées et les générations futures. Le présent ouvrage, très documenté, apporte des éclairages et donne des solutions qui pourront avoir des répercussions positives sur toutes les crises environnementales. C'est un pas vers la compréhension des changements globaux et leur résolution collective.

Hélène Soubelet
Directrice générale
FRB | Fondation pour la recherche sur la biodiversité

Introduction

Il est nécessaire d'élargir l'audience des idées écologiques. De nombreux citoyens et citoyennes qui pourraient y adhérer ne le font pas. Les partis qui les défendent ne parviennent pas à obtenir des résultats électoraux à la hauteur des attentes et de l'urgence. Dans certains pays, des gouvernements anti-écologistes arrivent au pouvoir. Alors que les signaux sont de plus en plus clairs et préoccupants, la conscience écologique ne se développe pas assez rapidement. Pourquoi ? Comment progresser ? Comment convaincre un public plus large ? J'ai souvent réfléchi à cette question. Militant écologiste de longue date, j'ai longuement discuté avec un public varié, issu de tous les milieux : élus municipaux, scientifiques, militants associatifs, députés, fonctionnaires français ou européens, collègues des partis verts internationaux, simples citoyens, etc. Je suis maintenant convaincu qu'un changement de stratégie est nécessaire.

Pour rallier un nouveau public, il faut un nouveau récit politique. Aujourd'hui, la galaxie écologique, au sens large du terme, n'en a construit qu'un : l'urgence climatique, incontestable, qui sature l'espace médiatique dévolu à l'environnement, sans parvenir à faire bouger les lignes. Le public pouvant être convaincu par cette cause l'a probablement d'ores et déjà été et il est à craindre qu'elle ne progresse plus qu'à la marge, ou du moins, insuffisamment rapidement. Or, cette omniprésence dissimule une autre réalité tout aussi alarmante : la sixième extinction de masse des espèces animales et végétales se poursuit à une vitesse sans précédent. Le déclin de la biodiversité menace tout autant, sinon plus, notre existence que le changement climatique. Hubert Reeves n'avait-il pas affirmé que la disparition du ver de terre revêtait une importance comparable à celle des glaciers ?

Il est nécessaire de donner une voix forte, aujourd'hui absente, à cette urgence. Lors de la COP16 sur la biodiversité, qui a eu lieu à Cali du 21 octobre au 1er novembre 2024, seuls 14 chefs d'État ou de gouvernement, principalement sud-américains, ont participé. À la COP28 à Dubaï, en décembre 2023, on comptait environ 150 dirigeants, incluant le Président de la République française. Ce rapport d'un pour dix, bien qu'il ne soit pas fondé sur des preuves scientifiques, reste plausible et correspond bien au ressenti : l'urgence climatique aurait actuellement une audience dix fois plus importante que l'extinction du vivant.

Or, un nouveau récit politique centré sur la biodiversité, bien expliqué, permettrait d'élargir l'audience des thèses écologiques : son potentiel de mobilisation dépasse en effet celui de l'urgence climatique, face auquel le public se sent souvent démuni. La lutte pour la préservation de la biodiversité pourrait même être un frein puissant à la propagation des idées extrêmes.

Tout d'abord, le réchauffement planétaire obéit à des règles complexes. Comprendre les échanges sur les émissions et la capture des gaz à effet de serre nécessite de posséder des connaissances savantes. Une étude[1] a par exemple démontré que la difficulté scientifique constituait un obstacle majeur à l'engagement du public en faveur des politiques climatiques. Cette technicité entrave l'adhésion émotionnelle et intellectuelle des non-initiés. Elle est également la porte ouverte à la désinformation et à la mauvaise foi. Lorsqu'un climatosceptique nie l'origine humaine du changement climatique, il est très difficile pour un citoyen ou une citoyenne de savoir qui a tort ou qui a raison. Cette personne penchera même naturellement pour le discours le moins apocalyptique. C'est humain. Alors, quand, en plus, ce climatosceptique possède une étiquette de scientifique, et il en existera toujours, il est très difficile de faire progresser la cause.

L'extinction de masse des espèces repose, elle, sur des relations plus intuitives : si l'habitat d'un animal est détruit ou s'il est trop chassé, il disparaît. Ce processus est facilement compréhensible sans connaissances spécialisées en

1 Lorenzoni, I., & Pidgeon, N., 2006, "Public views on climate change: European and USA perspectives", *Climatic Change, 77*, 73-95

sciences de l'environnement ou en biologie. Il est très difficile de le contester. Qui pourrait affirmer que pêcher tous les thons de l'océan Indien n'entrainera pas leur extinction ? Autre exemple : tout le monde prend conscience aujourd'hui de la disparition des oiseaux et des insectes de nos campagnes. Il suffit pour le constater de jeter un coup d'œil à son pare-brise après un trajet nocturne en voiture. On ne peut pas employer à ce sujet des arguments comme « il y a vingt ans, il faisait déjà chaud l'été ». Notons d'ailleurs que les publicités pour sensibiliser au changement climatique utilisent en priorité l'extinction d'espèces vivantes, comme le déclin de l'ours blanc. Cette stratégie s'appuie sur des études scientifiques[2] démontrant que le rapport émotionnel avec des animaux menacés suscite l'engagement, bien davantage qu'un message général sur les émissions de CO_2. Dans son livre *Résister*, Salomé Baqué insiste sur l'importance de multiplier les échanges collectifs en petit comité, afin de faire progresser une nouvelle vision du monde. Parler d'effondrement de la biodiversité est une excellente manière de les initier, en tout cas davantage aujourd'hui que de commencer par les émissions carbones.

Ensuite, il est possible d'impliquer davantage par l'action. Limiter le réchauffement planétaire est un combat de longue haleine, visant à renverser un processus global.

2 Voir, par exemple, Tam, K.-P., & Chan, H.-W., 2017, "Environmental concern has a weaker association with pro-environmental behavior in some societies than others: A cross-cultural psychology perspective", *Journal of Environmental Psychology*, 59, 213-223

Le grand public peut se sentir démuni face à l'ampleur de la tâche. « J'arrêterai de prendre ma voiture lorsque les puissants cesseront de voyager quotidiennement en avion. » En psychologie, il a été prouvé[3] que les gestes concrets incitent à la mobilisation, en procurant un sentiment d'utilité. Planter des arbres ou créer des refuges pour les abeilles est plus gratifiant que de réduire son empreinte carbone. Protéger sa forêt, sa rivière, l'espèce en voie d'extinction que l'on a croisée dans son enfance : voilà de quoi initier un dialogue.

Face à l'impossibilité de poser des objectifs modestes et accessibles comme protéger une espèce ou un écosystème particulier, les militants du climat deviennent logiquement de plus en plus collapsologiques pour se faire entendre. La lutte contre le réchauffement planétaire est totale ou ne l'est pas. Plusieurs études[4] [5] ont exploré comment la perception négative et alarmiste de ce combat freine son acceptation et l'engagement du grand public. Elles démontrent que les déclarations sur la fin du monde provoquent un sentiment de distance émotionnelle ou d'impuissance, ce qui réduit la probabilité de passer à l'action. Le livre de Mike Hulme, *Why we disagree about climate change* (2009), ne dit pas le contraire. Il explique

3 Chawla, L., 1999, "Life paths into effective environmental action", *The Journal of Environmental Education*, 31(1), 15-26.

4 Par exemple : O'Neill, S., & Nicholson-Cole, S., 2009, "Fear Won't Do It: Promoting Positive Engagement With Climate Change Through Visual and Iconic Representations. Science Communication", 30(3), 355-379.

5 Autre exemple : Smith, N., & Leiserowitz, A., 2014, "The role of emotion in global warming policy support and opposition", Risk Analysis, 34(5), 937-948.

que le réchauffement planétaire est souvent présenté dans des termes funestes, ce qui crée de la paralysie ou de l'apathie. Il suggère qu'un message plus nuancé et optimiste, basé sur des solutions concrètes, pourrait améliorer la perception publique de ce combat.

Enfin, le concept de perte irréversible[6] n'est paradoxalement pas à négliger. Les effets du changement climatique sont souvent décrits comme réversibles si des mesures sont prises avant une date donnée. La disparition d'une espèce s'avère, elle, définitive, ce qui renforce le sentiment d'urgence. Paradoxalement, l'extinction des espèces pourrait donc être à la fois perçue comme plus urgente et plus audible par le grand public.

Terminons sur ce sujet avec un sondage de 2021 mené par l'Ifop pour la Ligue de protection des oiseaux (LPO). Il a révélé que 43 % des Français jugeaient insuffisant le nombre d'espaces naturels près de chez eux, alors que seulement 3 % considéraient qu'il y en avait trop. Ce chiffre demeurait constant au sein de toutes les classes sociales.

Si la sensibilisation continue de croître et si les liens avec les enjeux quotidiens sont mieux expliqués, un récit centré autour de la lutte contre l'extinction de la biodiversité pourrait donc engendrer un élan supérieur à celui pour le climat et aider l'écologie à convaincre un nouveau public.

6 Rapport IPBES précité.

L'occultation de ce pilier des combats écologiques s'explique d'ailleurs facilement. Les ingénieurs, les financiers et les entreprises se sentent capables d'inverser le changement climatique. Les courbes et les modèles abondent. Le problème est vulgarisé grâce à des ouvrages concis ou à des formations de courte durée. Certains affirment même que la transition écologique serait compatible avec notre système économique actuel, via le terme de « croissance verte ». Des solutions techniques émergent. De grandes entreprises annoncent leur transition vers un fonctionnement neutre en carbone. On met en place des « budgets verts ». La finance internationale y voit son rôle justifié, consolidé par les échanges de droits à émissions de carbone dont elle retire un profit. La taxe carbone permet aux gouvernements de combler leur déficit. Les politiques rassurent leurs électeurs grâce à la « planification écologique » qui promet de résoudre le problème tout en préservant le modèle centralisateur et jacobin auquel nous sommes, en France, si attachés.

L'effondrement de la biodiversité obéit à une logique différente. Plusieurs catalogues[7] recensent les 1,75 million d'espèces animales et végétales connues à ce jour, dont la plupart n'ont fait l'objet que de descriptions superficielles. Combien y a-t-il d'espèces sur Terre ? Les estimations varient. Elles pourraient même atteindre un billion (ou 1 000 milliards) en prenant en compte la

7 *The catalogue of life, the Zoobank, The International Plant Names Index, l'Index Fungorum ou The World Register of marine species.*

diversité microbienne[8]. Selon les dernières études, qui s'appuient sur les modèles statistiques les plus avancés, le nombre d'organismes eucaryotes[9], lui, se situerait autour de 10 millions[10 11]. Près de 80 % des espèces animales et végétales resteraient à découvrir ! Combien de services essentiels, dont nous ne soupçonnons pas l'existence, la nature nous procure-t-elle ? Quels mécanismes vitaux mettons-nous en danger sans le savoir ? Les conséquences d'un projet minier dans les profondeurs de l'océan restent, par exemple, insondables. Un récit politique centré sur la biodiversité pourrait donc être plus radical que le récit politique autour de l'urgence climatique. Impossible de parler de technosolutionnisme, de croissance verte ou de planification écologique par un État central face à une cause aussi insaisissable. Dans la partie consacrée aux solutions, on verra que cette lutte nécessite non seulement des moyens considérables, mais également une autre organisation humaine et un changement complet de notre vision anthropocentrée du monde, qui n'est pas impossible à susciter. L'état de notre planète nous oblige aujourd'hui à prendre ce problème à bras-le-corps.

8 Locey, K. J., & Lennon, J. T., 201, "Scaling laws predict global microbial diversity", *Proceedings of the National Academy of Sciences,* 113(21), 5970-5975.

9 Les cellules d'un organisme eucaryote possèdent un noyau délimité par une membrane. On parle donc ici des animaux, des plantes, des champignons, etc.

10 Évaluation à 8,7 millions dont 2,2 millions d'espèces marines, par Mora, C., Tittensor, D. P., Adl, S., Simpson, A. G. B., & Worm, B., 2011, *"How Many Species Are There on Earth and in the Ocean?", PLoS Biology,* 9(8), e1001127.

11 Estimation de 5 à 15 millions par Stork, N. E., 1993, "How many species are there? Biodiversity and Conservation", 2(3), 215-232.

Cependant, tout d'abord, qu'appelle-t-on l'extinction de masse des espèces ?

Nous sommes en train de vivre la sixième. Elle succède à celles de l'Ordovicien (- 443/445 millions d'années), du Dévonien (- 360/375 millions d'années), du Permien (- 250 millions d'années), du Trias (- 201 millions d'années) et du Crétacé, célèbre pour avoir mis fin au règne des dinosaures (- 66 millions d'années).

Des espèces se sont toujours éteintes. Ce n'est pas l'enjeu. Le défi actuel est la rapidité alarmante à laquelle ces disparitions se produisent, bien supérieure d'ailleurs non seulement au rythme naturel, mais également à celui des cinq effondrements précédents de la biodiversité. Des recherches[12] ont évalué le taux naturel annuel d'extinction, c'est-à-dire en l'absence de perturbation environnementale majeure (ou de catastrophe de type astéroïde). Il serait compris entre 1 et 5 disparitions par million d'espèces. Notre Terre devrait donc compter au maximum 50 extinctions par an. Or, il en survient plutôt 25 par jour, même si l'on prend les hypothèses les moins pessimistes. L'humanité contribue ainsi à la disparition de cent[13] à mille[14] fois plus

12 Par exemple Benton, M. J., 1995, "Diversification and extinction in the history of life", *Science*, 268(5207), 52-58, ou encore Mac Arthur, R. H., & Wilson, E. O., 1967, "The Theory of Island Biogeography", *Princeton University Press.*

13 Ceballos, G., Ehrlich, P. R., & Dirzo, R. , 2017, "Biological annihilation via the ongoing sixth mass extinction signaled by vertebrate population losses and declines", *Proceedings of the National Academy of Sciences*, 114(30), E6089-E6096.

14 Pimm, S. L., Jenkins, C. N., Abell, R., Brooks, T. M., Gittleman, J. L., Joppa, L. N., & Sexton, J. O. , 2014, "The biodiversity of species and their rates of extinction, distribution, and protection", *Science*, 344(6187), 1246752.

d'espèces que ce que l'on observerait en son absence. En d'autres termes, le nombre d'espèces éteintes au cours des dix dernières années aurait mis, sans notre activité, entre mille et dix mille ans pour être atteint. Dans le rythme naturel, les écosystèmes se rééquilibrent. Il n'y a pas d'effondrement. Aujourd'hui, ce n'est plus le cas.

Cette extinction de masse se double d'une diminution de la diversité génétique des espèces survivantes, une situation tout aussi alarmante que leur disparition elle-même. Tout d'abord, la chute du nombre d'individus d'une espèce entraîne souvent une baisse de sa diversité génétique. Ce phénomène est plutôt intuitif. Or, les populations d'animaux et de végétaux déclinent aujourd'hui rapidement, y compris lorsqu'elles ne sont pas en voie d'extinction. Le World Wide Fund (WWF) suit depuis 1970 la dynamique de 20 811 groupes, qui représentent 4 392 espèces (mammifères, oiseaux, poissons, reptiles ou amphibiens). Dans son rapport *Planète vivante* de 2020, l'organisation non gouvernementale a révélé que ces communautés avaient connu une baisse moyenne de 68 % de leur effectif entre 1970 et 2016. Deux ans plus tard, ce chiffre montait à 69 % pour la période 1970-2018. Cette chute atteignait 94 % en Amérique du Sud. Néanmoins, le déclin génétique peut précéder la diminution du nombre d'individus. Ainsi, des chercheurs[15] ont récemment examiné la résilience génétique de deux espèces de bourdons, à l'aide de spécimens de

15 Rhode, A. Branstetter M, et al. 2024, "Population genetics of museum specimens reveals the genetic resilience of endangered bumblebee species", *Biological conservation* 291.

musées collectés entre 1960 et 2020. Les résultats ont révélé une baisse de la diversité génétique pour l'une comme pour l'autre. Elle avait débuté trente ans avant la contraction de sa population pour la première. Elle avait commencé vingt ans avant l'étude pour la seconde, qui n'avait pourtant pas encore entamé de déclin numérique.

L'extinction de masse des espèces est également un phénomène qui s'entretient une fois que l'on a dépassé le rythme naturel. La disparition d'une espèce du fait de l'activité humaine bouleverse un écosystème, ce qui entraîne de nouvelles extinctions (ou des pullulements qui peuvent être tout aussi néfastes). Ce sont les cascades trophiques. On observe même des corrélations qui, à première vue, semblent peu intuitives. Par exemple, le déclin d'un prédateur peut provoquer celui d'un autre ! Il est bien documenté[16] que l'effondrement du nombre de loups et de pumas (Prédateur 1) dans les forêts des États-Unis a induit celui des hiboux et des faucons (Prédateur 2). Au début du XXe siècle, les loups et les pumas ont disparu de beaucoup de régions des États-Unis en raison de la chasse et de la perte d'habitat. Ces grands prédateurs régulaient naturellement les populations de cerfs de Virginie (Proie 1). En leur absence, celles-ci ont beaucoup crû et ont détérioré la couverture générale des forêts. Les plantes au sol, les jeunes pousses d'arbres et les buissons ont été particulièrement affectés, réduisant de manière considérable les abris et

16 Par exemple Ripple, W.J., & Beschta, R.L., 2006, "Linking a cougar decline, trophic cascade, and catastrophic regime shift in Zion National Park", *Biological Conservation*, 133(4), 397-408.

les ressources d'autres espèces, comme les petits rongeurs et les oiseaux insectivores (Proie 2). Leur raréfaction a entraîné le déclin de leurs prédateurs, tels les faucons et les hiboux.

La disparition de quelques prédateurs peut même entraîner un effondrement écologique complet et rapide. Un projet de production d'énergie hydraulique vénézuélien a involontairement permis l'étude[17] des effets de l'isolement géographique sur la biodiversité. L'archipel de Laguna Guri, un ensemble d'îles boisées du bassin de l'Orénoque au sud-est du Venezuela, est apparu après la construction, entre 1963 et 1978, du barrage hydroélectrique de Guri sur le fleuve Caroní, l'un des cinq plus puissants au monde. Lors de sa création, de nombreux grands prédateurs, tels que les jaguars, les pumas et d'autres espèces carnivores, n'ont pas pu survivre ou ont quitté ces îles. Sur celles où ils n'étaient plus présents, les populations d'herbivores, comme les singes hurleurs, les agoutis et les iguanes, ont proliféré. Elles ont même été multipliées par 1 000 à certains endroits, avec pour conséquence une surexploitation de la végétation, en particulier des jeunes arbres et des semis, rendant impossible la régénération de la forêt. La pression exercée par les herbivores a parfois atteint un tel niveau qu'ils ont fait disparaître la jungle dense de certaines îles, ne laissant derrière eux que des clairières dénudées. En conséquence, les populations d'oiseaux, de petits mammifères et d'insectes se sont effondrées.

17 Terborgh, J., Lopez, L., Nuñez, P., et al., 2001, "Ecological meltdown in predator-free forest fragments", *Science*, 294, 1923-1926.

La protection de la diversité biologique est souvent perçue comme la préoccupation des artistes et des romantiques, qui s'intéressent aux petits oiseaux et à la nature. C'est pourtant tout autre chose. Il s'agit du défi environnemental majeur de notre époque. Ce phénomène constitue une menace directe pour les écosystèmes qui soutiennent la vie humaine. Elle engendre des répercussions importantes sur l'équilibre écologique, les économies régionales et la santé publique. La biodiversité ne se résume pas à un simple réservoir de ressources. Elle joue un rôle central dans la régulation du climat, la fertilité des sols, la pollinisation des cultures, la purification de l'eau et bien d'autres fonctions écosystémiques cruciales. Leur dégradation rapide a un impact profond sur nos sociétés, en particulier sur les populations les plus vulnérables.

Favoriser un récit politique axé sur l'effondrement de la biodiversité pourrait donc être un moyen de sensibiliser un public que l'écologie, actuellement, n'arrive pas à atteindre. Comment procéder ? Comment construire ce récit politique ?

Tout d'abord, il s'agit de bien connaître et de rappeler les conséquences, alarmantes, de l'extinction de masse des espèces. Ce sera l'objet de la première partie. Seront abordés des sujets aussi variés que la sécurité alimentaire, la santé, la résilience face aux catastrophes naturelles, etc.

Ensuite, il s'agit de rappeler l'origine humaine de cette extinction du vivant. Nous en sommes responsables :

pollution, artificialisation des terres et des océans, surexploitation des ressources, changement climatique, espèces exotiques envahissantes, guerre, etc. Ces facteurs s'influencent mutuellement, ce qui renforce leurs effets négatifs respectifs, entraînant ainsi un cercle vicieux de dégradation écologique.

Enfin, pour convaincre un nouveau public, il faut lui démontrer qu'une autre voie est possible. La troisième et dernière section traitera donc des solutions techniques, économiques et institutionnelles qui permettraient d'inverser durablement le déclin de la biodiversité. Nous verrons que nous faisons face à une transformation nécessaire, profonde, mais réalisable et souhaitable, de nos sociétés.

1. La biodiversité, alliée incontournable pour résoudre les grands défis de l'humanité
Preuves scientifiques

A – La biodiversité, pilier de la sécurité alimentaire

Comment évoluera la population mondiale d'ici la fin du siècle ? Difficile à dire. Plusieurs facteurs peuvent en effet influencer sa croissance (ou sa décroissance) : le taux de fécondité, l'espérance de vie, les politiques natalistes, les conditions économiques, sociales ou sociétales, les catastrophes naturelles ou encore la prise de conscience écologique. Rassurons-nous, la population mondiale ne croitra probablement pas indéfiniment. La majorité des chercheurs pense qu'un pic (ou un plateau) sera atteint avant 2100 ou un peu après. Les études à ce sujet sont nombreuses, évoquant, par exemple, un maximum de 10 milliards d'habitants en 2050[1] ou un apogée à 9,73 milliards en 2064[2]. Selon les Nations Unies[3], la population mondiale augmentera jusqu'à 10,3 milliards vers la moitié des années 2080, avant de commencer à décroître très lentement (10,2 milliards en 2100).

Nous nous trouvons donc face à un défi collectif de taille : comment fournir à ces huit, neuf ou dix milliards d'êtres humains ce à quoi nous avons tous droit, c'est-à-dire de l'eau potable, une nourriture saine, un logement et l'énergie nécessaire à la satisfaction de nos besoins basiques ?

Aujourd'hui, les famines sont plus rares qu'auparavant. Elles surviennent en général lors de crises aiguës, telles que les conflits ou les catastrophes naturelles. La malnutrition, elle, continue par contre de faire des ravages. Selon l'Organisation mondiale de la santé (OMS), elle causerait la mort de 9 millions de personnes chaque année alors que le Global Nutrition Report (GNR) lui impute 11 millions de décès, dont 45 % de ceux des enfants âgés de moins de 5 ans[4]. En parallèle, nous mangeons mal : 2,5 milliards d'adultes seraient en surpoids, parmi lesquels entre 800 et

1 Lutz, W., & Samir, K.C., 2010, "Dimensions of global population projections : what do we know about future population trends and structures ?" *Philosophical Transactions of the Royal Society B: Biological Sciences*, 365(1554), 2779-2791.

2 Vollset, S.E., Goren, E., Yuan, C.W., et al. 2020, "Fertility, mortality, migration, and population scenarios for 195 countries and territories from 2017 to 2100: a forecasting analysis for the Global Burden of Disease Study", *The Lancet*.

3 ONU, *World Population Prospects 2024: Summary of Results*.

4 Publication annuelle de référence qui fournit une analyse détaillée de l'état de la nutrition mondiale.

900 millions souffriraient d'obésité. Le Global Burden of Disease (GBD)[5] estimait, lui, dans une étude[6] de 2019, que 11 millions de personnes succombaient annuellement à une alimentation de mauvaise qualité, trop généreuse en sel, gras et sucre, ce qui représente près de 1/6e de la mortalité mondiale. C'est le grand paradoxe de notre époque : aujourd'hui, on périt autant, sinon davantage, de trop manger que de ne pas assez manger. Notre problème n'est donc plus les rendements agricoles. Ils nous permettraient aujourd'hui de nourrir largement une population de 8, 9 ou 10 milliards. Notre défi, c'est avant tout de mieux répartir les ressources.

Uniformisation des cultures, concentration agraire, mécanisation, irrigation à grande échelle, intrants chimiques, etc. : l'agriculture productiviste a été pensée afin d'obtenir le rendement à l'hectare le plus élevé possible. Les motivations de ses promoteurs pouvaient être vertueuses (diminuer les famines) ou cupides (augmenter les profits). Elle a pu être historiquement reliée à l'apparition du servage ou à l'intensification des enclosures dans l'Angleterre victorienne. Il s'agissait de mettre fin à l'indépendance du petit paysan et à son autosuffisance alimentaire pour le transformer en soutien des armées, des villes ou de la révolution industrielle. Elle a connu son âge d'or après la

5 Principal projet international de recherche mesurant l'impact des maladies, des blessures et des facteurs de risque sur la santé humaine à l'échelle mondiale.

6 GBD 2017 Diet Collaborators. 2019, "Health effects of dietary risks in 195 countries, 1990-2017: a systematic analysis for the Global Burden of Disease Study 2017", *The Lancet*, vol. 393, no. 10184, 2019, pp. 1958-1972.

Seconde Guerre mondiale, dans un contexte d'explosion démographique. La France a joué un rôle moteur dans cette révolution, avec une transformation radicale de notre secteur agricole à partir des années 1950, suivant le célèbre rêve d'Edgard Pisani, ministre de l'Agriculture du général de Gaulle : « Si les clients veulent du lait rouge et des pommes carrées, eh bien l'agriculture française produira du lait rouge et des pommes carrées. »

L'agriculture productiviste a obtenu des succès qu'il ne faut pas nier. Elle a permis de faire reculer la famine dans de nombreux pays. Néanmoins, des catastrophes ont également eu lieu. On peut ranger dans cette dernière catégorie la famine de 1867 en Algérie, conséquence, notamment, de l'implantation d'une agriculture « française » uniformisée, au détriment des cultures diversifiées locales, qui s'appuyaient sur des siècles d'optimisation des graines. Le système agricole ne pouvait dès lors plus résister aux sécheresses. Elle aurait fait entre 100 000 et 1 000 000 de victimes[7].

L'agriculture productiviste arrive à bout de souffle. Elle a toujours favorisé le rendement et le profit à court terme, au détriment des longs et moyens termes, distendant les liens du paysan avec son allié de longue date : la biodiversité. Si dans certaines régions du monde, moins pionnières, les rendements agricoles continuent d'augmenter, ils ont

7 Par exemple : Heyberger, L., 2022, "Les corps en colonie. Faim, maladies, guerre et crises démographiques en Algérie au XIXe siècle : approche anthropométrique", *Histoire, médecine et santé*, 22, 233-235.

atteint leur apogée en France à la fin du siècle dernier[8]. L'augmentation du rendement à l'hectare des terres céréalières françaises (de vingt-cinq quintaux en moyenne en 1961 à quatre-vingts quintaux en 1998) a laissé place à une alternance de stagnations et de baisses : en 20 ans, la barre des soixante-quinze quintaux n'a été dépassée qu'à trois reprises, pour tomber à soixante-six quintaux en 2022. De multiples indicateurs confirment ce déclin. En 2021, la France importait ainsi 2,2 fois plus de produits alimentaires qu'en 2000, notamment 56 % de sa consommation de mouton, 28 % de ses légumes, 71 % de ses fruits et un poulet sur deux.

Cette crise aiguë de production se double d'un effondrement de la qualité, ce qui a de multiples conséquences sur notre santé. Mentionnons-en trois.

L'extinction des pollinisateurs est un danger létal pour l'humanité. En 2023, des chercheurs de douze universités de renom ont ainsi démontré[9] que leur déclin était d'ores et déjà responsable d'environ 1 % des décès mondiaux. Et ce chiffre, amené à croître, reposait, de leur aveu même, sur des hypothèses conservatrices ! Leur rapide disparition induisait en effet le remplacement des cultures de noix, fruits et légumes qu'ils pollinisaient, par des céréales,

8 Schauberger et al, 2018, « Analyse de l'évolution des rendements, de la variabilité et de la stagnation des principales cultures en France sur plus d'un siècle », *Scientific Reports – Volume 8*, Article N° 16865 (2018).

9 Smith R. M, Mueller N. D. Mueller et al, 2022, "Pollinator Deficits, Food Consumption, and Consequences for Human Health: A Modeling Study", *Environmental Health Perspectives – Volume 130*, Issue 12.

ce qui bouleversait nos régimes alimentaires et entraînait l'accroissement de nombreuses affections, comme les cancers, l'hypertension ou les maladies cardiaques.

Les pesticides, omniprésents dans l'agriculture productiviste, sont également un problème bien connu de santé publique, pour les consommateurs bien entendu, mais surtout pour les agriculteurs qui en sont les premières victimes. C'est un désastre sanitaire doublé d'un drame social. Une étude parmi d'autres, bordelaise[10], de 2010, a ainsi mis en évidence l'altération des facultés cognitives des viticulteurs qui y étaient exposés sur une longue période. Ils présentaient également un risque accru de démence.

Avec son recours massif aux pesticides et aux engrais de synthèse, l'agriculture productiviste appauvrit enfin la biodiversité des sols, ce qui se répercute sur notre alimentation et appauvrit, en conséquence, notre microbiote intestinal. Là encore, on peut parler de désastre sanitaire. Des chercheurs[11] ont, par exemple, comparé le microbiote intestinal des populations rurales de Papouasie-Nouvelle-Guinée, notamment des Papous qui vivent encore dans un environnement peu industrialisé, à celui des habitants des États-Unis. Ils se sont particulièrement attardés sur les bactéries. Les résultats étaient édifiants. Les seconds possédaient une diversité

10 Baldi, I. et al. 2010, "Neurobehavioral effects of long-term exposure to pesticides: results from the 4-year follow-up of the Phytoner Study", *Occupational and Environmental Medicine*, 68(2), 108-115.

11 Sonnenburg, E. D., & Sonnenburg, J. L. 2019, "The ancestral and industrialized gut microbiota and implications for human health", *Nature Reviews Microbiology*, 17(6), 383-390.

bactérienne largement inférieure à celle des premiers, avec près de 50 types de bactéries en moins. Ce déficit est très inquiétant. On commence seulement à en entrevoir toutes les conséquences sur notre santé. Des études ont, par exemple, déjà relié un microbiote affaibli à une augmentation du diabète de type 2[12] ou à la dépression[13].

Bien entendu, il ne s'agit pas de réserver une alimentation saine à une élite. Il faut donc se demander si l'agroécologie, c'est-à-dire une agriculture respectueuse de la biodiversité, peut nourrir l'ensemble de l'humanité. De nombreux facteurs, liés à une riche biodiversité, ont un impact favorable sur la production agricole : le nombre et la diversité des pollinisateurs[14], les haies[15], les vers de terre, etc. Cependant, est-ce suffisant pour subvenir aux besoins de 8, 9 ou 10 milliards de personnes ? Soulignons-le d'entrée : en général, les rendements de l'agroécologie n'atteignent pas ceux de l'agriculture productiviste à son apogée. Une étude de 2015[16] concluait ainsi qu'ils étaient inférieurs de 19,2 %,

12 Qin, J. et al, 2012, "A metagenome-wide association study of gut microbiota in type 2 diabetes", *Nature*, 490(7418), 55-60.

13 Chevalier, G. et al, 2020, "Effect of gut microbiota on depressive-like behaviors in mice is mediated by the endocannabinoid system", *Nature Communications*, 11, 6363.

14 Garibaldi, L. A., Carvalheiro, L. G., Leonhardt, S. et al 2016, "Mutually beneficial pollinator diversity and crop yield outcomes in small and large farms", *Science*, 351(6271), 388-391.

15 Par exemple : Schoeneberger, M. M., Bentrup, G., Patel-Weynand, T., & Current, D., 2014, "Agroforestry: Enhancing resiliency in U.S. agricultural landscapes under changing conditions", United States Department of Agriculture.
Ou : Alignier, A., Aviron, S., 2020, « Le rôle des haies dans la fourniture de services écosystémiques dans les paysages agricoles », *Agriculture, Ecosystems & Environment.*

16 Ponisio, L. C. et al, 2015, "Diversification practices reduce organic to conventional yield gap", Proceedings of the Royal Society B: *Biological Sciences*, 282(1799), 20141396.

écart réduit à environ 8 % en cas d'utilisation de techniques de pointe. Une autre[17], en 2017, aboutissait à un déficit de 10 à 20 %. Toutefois, les rendements ne sont pas les seuls facteurs à considérer. L'organisation de notre système est également cruciale. De 2016 à 2021, l'Institut du développement durable et des relations internationales (IDDRI) a publié divers travaux[18] examinant si l'Europe pourrait être autosuffisante après avoir accompli une transition complète vers l'agroécologie. Oui, répondaient les auteurs, sous réserve d'une réduction significative du gaspillage alimentaire[19] et d'une diminution de la consommation de protéines animales (ce qui équivaut à adopter des régimes moins riches en viande). En 2017, une étude[20] mondiale se penchait sur cette même question. Elle aboutissait plus ou moins à la même conclusion : une agriculture entièrement biologique, combinée à une baisse de moitié du gaspillage alimentaire et à des régimes moins carnés, pourrait nourrir une population 9,7 milliards de personnes. Nous sommes donc dans les ordres de grandeur mentionnés au début de ce chapitre.

Rendements qui stagnent, proches de décroître ; crises sanitaires ; question de santé publique ; perspectives offertes par l'agroécologie : l'Europe doit entamer de toute urgence

17 Muller, A., Schader, C. et al, 2017, "Strategies for feeding the world more sustainably with organic agriculture" *Nature Communications*, 8, 1290.

18 Par exemple : Aubert P.-M., 2019, « Une Europe agro-écologique en 2050 : un scenario crédible, un débat à approfondir », IDDRI Blog, sept. 2018.

19 Aujourd'hui, environ un tiers de la nourriture produite dans le monde est gaspillée.

20 Müller, A., Schader, C., 2017, "Strategies for feeding the world more sustainably with organic agriculture", *Nature Communications*, 8(1), 1290.

Agriculture et écologie

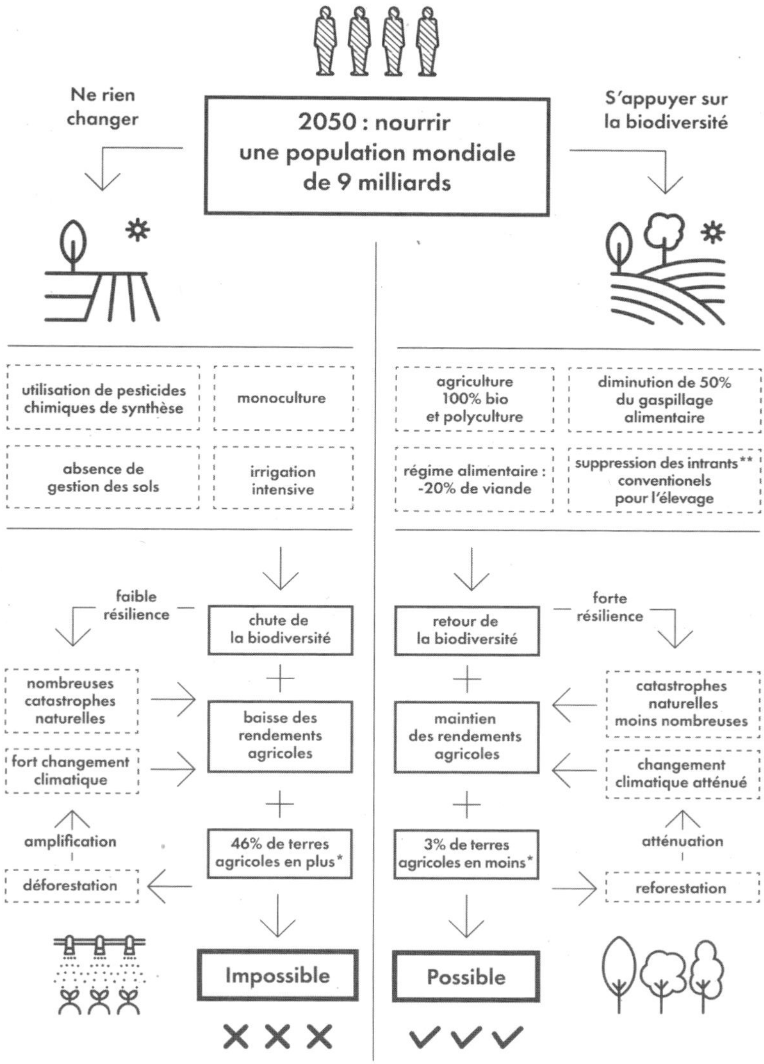

*Muller et al, 2017
**Les ruminants (vaches, etc) et les monograstriques (porc, etc) sont nourris par des produits non consommables par l'humain, comme l'herbe des champs ou des déchets alimentaires.

sa mue vers un rapport à la terre plus respectueux de la nature et de la biodiversité. Les solutions existent et sont bien connues, comme la lutte contre le gaspillage alimentaire, la garantie d'un revenu juste aux agriculteurs, notamment via les prix planchers et l'interdiction de nombreuses surmarges de la grande distribution, l'aide à l'installation des jeunes paysans, la Sécurité sociale alimentaire, la généralisation des formations aux bonnes pratiques agroécologiques, la réforme de la PAC ou la limitation du libre-échange. Il manque juste la volonté politique. Beaucoup d'industries dans l'Histoire n'ont pas réussi à se renouveler à temps et ont sombré dans l'indifférence : Blockbuster ; Smith-Corona ; la location de vidéos en point fixe ; les machines à écrire ; le film photographique ; les réveils mécaniques ; etc. Qui se souvient de la faillite de Kodak en 2012 ? C'est un phénomène économique naturel. Joseph Schumpeter parlait de destruction créatrice. Que l'industrie agroalimentaire soit incapable de se réinventer est par contre un problème beaucoup plus important, tant pour l'humanité que pour un pays comme la France. Nous en subirons tous les conséquences, y compris économique : dans l'étude précédemment citée sur les pollinisateurs, les auteurs se sont penchés sur le cas particulier de la Pologne. Ils ont démontré que, du fait de leur déclin, la Pologne avait d'ores et déjà perdu 10 % de la valeur économique de sa production, toutes cultures confondues ! Nous ne pouvons donc pas laisser les mécanismes économiques naturels arriver à leur terme. Il faut aider notre secteur agricole à ne pas se saborder.

B – Le défi de l'eau potable

D'après l'Unicef et l'OMS, deux milliards de personnes n'ont pas accès à l'eau potable, ce qui les expose à de nombreuses maladies, comme le choléra, la dysenterie ou la typhoïde. En France, nous ne sommes pas épargnés. Nous ne buvons pas une eau de qualité. En 2021, l'association UFC Que choisir a d'ailleurs tiré la sonnette d'alarme : près de 20 % des consommateurs française avaient été confrontés, de manière ponctuelle ou récurrente, à une eau du robinet non conforme aux normes durant l'année qui s'était écoulée. L'UFC soulignait également des lacunes dans le suivi par les autorités. Environ 750 molécules avaient été identifiées comme potentiellement dangereuses et présentes dans l'eau. Seules 200 en moyenne étaient recherchées lors des contrôles. Ce nombre variait d'une région à l'autre en fonction des décisions des agences régionales de la santé. Des études scientifiques sont depuis venues corroborer cette observation, démontrant l'existence de PFAS[21] [22] ou de nano-micro-plastiques[23] [24] dans la majorité des eaux du robinet en Europe.

21 PAN Europe, 2024, *TFA: The Forever Chemical in the Water We Drink*.

22 Les PFAS (substances per- et polyfluoroalkylées) sont une large famille de composés chimiques synthétiques regroupant plusieurs milliers de substances. Ils sont souvent appelés « polluants éternels » *(forever chemicals)* en raison de leur persistance dans l'environnement et leur résistance à la dégradation naturelle. Ils se distinguent par leur structure chimique contenant des liaisons carbone-fluor (C-F), parmi les plus solides de la chimie organique. L'exposition aux PFAS est associée à divers problèmes de santé, tels que des troubles du foie, des problèmes immunitaires, des effets sur le développement, et un risque accru de certains cancers.

23 Danopoulos E, et al, 2020, "Microplastic contamination of drinking water: A systematic review", *PLOS One*.

24 Les microplastiques sont devenus un sujet de préoccupation majeur en raison de leur présence dans l'environnement et de leur potentiel impact sur la santé humaine. Ils ont des effets sur le système digestif, sur le système respiratoire, le développement

L'eau embouteillée n'est pas davantage une solution. Elle n'a tout d'abord aucun sens économiquement. D'après un rapport des Nations Unies de 2023, fournir de l'eau potable à l'ensemble des 2 milliards de personnes qui en sont privées coûterait ainsi moitié moins que les 270 milliards dépensés aujourd'hui pour l'eau en bouteille. Et elle contient également des PFAS[25] et des nano-micro-plastiques. Pour ces derniers, une étude[26] publiée le 8 janvier 2024 a, par exemple, montré que l'eau en bouteille en contenait près de 100 fois plus qu'estimé jusqu'alors. Les chercheurs en ont compté en moyenne 240 000 fragments par litre.

Pour retrouver une eau potable de qualité, nous n'avons qu'une option : compter sur notre alliée historique, la biodiversité. Elle concourt en effet fortement à la qualité de l'eau. Prenons quelques exemples parmi d'autres. Le saule blanc absorbe les métaux lourds présents dans l'eau, les retenant dans ses tissus[27]. Les barrages construits par les castors ralentissent le débit des rivières, ce qui permet aux sédiments de se déposer et de filtrer tant les nutriments que les polluants[28].

de l'enfant, la reproduction, favorisent l'apparition de cancer ou de maladies chroniques.

25 Étude PAN Europe, 2024, précitée.

26 Naixin Qian, Xin Gao, Xiaoqi Lang, Wei Min, 2024, "Rapid single-particle chemical imaging of nanoplastics by SRS microscopy", *PNAS*.

27 Pulford, I. D., & Watson, C. 2003, "Phytoremediation of heavy metal-contaminated land by trees – a review", *Environment International*, 29(4), 529-540.

28 Rosell, F., Bozser, O., Collen, P., & Parker, H. 2005, "Ecological impact of beavers Castor fiber and Castor canadensis and their ability to modify ecosystems", *Mammal Review*, 35(3-4), 248-276.

Attardons-nous sur le phytoplancton. Il s'agit d'un terme générique qui recouvre environ vingt mille espèces, comme des algues ou des cyanobactéries. Elles ont en commun d'être invisibles à l'œil nu, de tirer leur énergie de la photosynthèse et de dériver près de la surface des océans, des mers, des lacs (et de presque toutes les étendues d'eau de cette planète). Le phytoplancton influence la qualité de l'eau de multiples manières[29]. Il contribue, pour prendre, là encore, un exemple parmi tant d'autres, à sa turbidité. Son déclin entraîne donc une augmentation de sa clarté, ce qui pourrait, à première vue, sembler bénéfique, mais serait en réalité catastrophique. Une eau trop limpide laisse en effet pénétrer trop de lumière solaire dans ses profondeurs, favorisant la prolifération d'algues benthiques qui en altèrent la qualité. Or, le phytoplancton décline assez rapidement. 1 % de sa biomasse disparaît tous les ans[30], à cause essentiellement de la pollution et du changement climatique. Cette érosion est particulièrement inquiétante, et pas uniquement pour la qualité de l'eau : le phytoplancton produit également 50 % de l'oxygène terrestre. Nous devons donc de toute urgence protéger les écosystèmes marins !

29 Yevneyeva, D., Temirkhanov, A., & Abzhalelov, A., 2024, "Ecological assessment of phytoplankton diversity and water quality to ensure the sustainability of the ecosystem in Lake Maybalyk, Astana, Kazakhstan", *Sustainability*, 16(22), 9628.

30 Boyce, D. G., Lewis, M. R., & Worm, B., 2010, "Global phytoplankton decline over the past century", *Nature*, 466, 591-596.

C – Les défis de la santé

a. Le défi des pandémies

L'humanité a été confrontée à de nombreuses épidémies au cours de son histoire. La plus anciennement documentée est la « Peste de Justinien » qui s'est propagée par vagues de 541 à 750 après Jésus-Christ. Elle a causé des dizaines de millions de morts. Plus près de nous, au début du XXe siècle, la grippe espagnole a fait entre 50 et 100 millions de victimes. Et le rythme s'accélère. Les pandémies sont de plus en plus fréquentes : le SRAS en 2003, le HSN1 en 2009, le H1N1 en 2012, le Covid en 2020, etc.

On peut scientifiquement relier cet emballement à notre action sur la nature au travers de trois études. En 2008, une première[31] se penchait ainsi sur le nombre de nouvelles maladies infectieuses par décennies. Les résultats[32] étaient sans appel : une vingtaine était apparue entre 1940 et 1950, trente-cinq entre 1950 et 1960, quarante entre 1960 et 1970, soixante entre 1970 et 1980 et soixante-quinze entre 1990 et 2000. Or, plus de nouvelles maladies infectieuses émergent, plus le risque d'une pandémie violente s'accroît. C'est mathématique.

31 Jones, K. E., et al. 2008, "Global trends in emerging infectious diseases", *Nature*, 451(7181), 990-993.

32 La décennie 1980-1990 ne respectait pas cette montée régulière avec presque 100 nouvelles maladies infectieuses. Les chercheurs expliquaient ce pic par l'épidémie du VIH et ses maladies opportunistes.

Par ailleurs, en 2021, d'autres recherches[33] ont établi que près de 60 % des pathogènes infectieux[34] connus avaient été transmis à l'humanité par les animaux. C'est ce que l'on appelle des zoonoses. Cette proportion montait à 75 % pour les pathogènes les plus récents, ce qui signifiait que la hausse précédemment mentionnée était en grande partie due à une augmentation sans précédent des apparitions de zoonoses. Pour finir, en 2020, des chercheurs[35] se sont penchés sur le cas des mammifères. Ils ont démontré que leurs zoonoses provenaient essentiellement de cinq populations distinctes : les animaux chassés, les animaux d'élevage, les animaux de compagnie, ceux qui avaient prospéré en s'étant adaptés à l'être humain et ceux qui étaient en voie de disparition à cause de la pression que nous exercions sur leur habitat.

Le tableau dressé par ces études est clair : notre tentative de contrôler la nature se retourne contre nous ! Si rien n'est fait pour défendre la biodiversité et diminuer notre impact sur les écosystèmes, un événement qui nous paraît exceptionnel, comme l'épidémie de Covid, surviendra plus souvent à l'avenir. Les conséquences pourraient même être bien plus violentes.

33 Taylor, L. H., Latham, S. M., & Woolhouse, M. E. 2001, "Risk factors for human disease emergence. Philosophical Transactions of the Royal Society of London", *Series B: Biological Sciences*, 356 (1411), 983-989.

34 Un pathogène infectieux est un agent biologique capable de causer une maladie en infectant un organisme hôte. Il peut être une bactérie, un virus, un champignon, un parasite ou, plus rarement, un prion.

35 Johnson, C. K., Hitchens, P. L. et al. 2020, "Global shifts in mammalian population trends reveal key predictors of virus spillover risk", *Proceedings of the Royal Society B: Biological Sciences*, 287(1924),

Si une biodiversité affaiblie nous rend vulnérable aux pandémies, une riche biodiversité nous protège. Il s'agit de l'effet de dilution. Ce dernier repose sur idée simple. Certaines espèces sont de meilleurs hôtes pour certaines maladies infectieuses que d'autres. Le pathogène survit mieux à leur contact. Dans un milieu écologique varié, il circule aléatoirement entre les animaux. En présence d'un grand nombre d'espèces, il a donc moins de chance de rencontrer un hôte favorable. Il ne prospère pas. La maladie de Lyme en est un bon exemple. De nombreuses études[36][37] ont montré le lien entre la disparition des prédateurs et l'augmentation des cas, en France comme dans le monde. Le déclin des populations de loups, de renards, de martres, de fouines, de lynx et de putois a ainsi entrainé un pullulement des proies qu'ils chassaient auparavant : les rongeurs, les écureuils de Corée, les cerfs, les chevreuils se multiplient. Or, ce sont des hôtes efficaces pour les tiques porteuses de la bactérie responsable de la maladie de Lyme. Prenons un autre exemple. Le virus du Nil occidental se transmet aux humains par les moustiques. Les principaux hôtes réservoirs sont cependant les corvidés, tels que les corneilles, les corbeaux et les geais qu'il infecte longuement de manière asymptomatique. En 2008, des chercheurs[38] ont démontré que dans les régions des États-Unis

36 Ostfeld, R. S., & Keesing, F. 2000, "Biodiversity and disease risk: the case of Lyme disease", *Conservation Biology*, 14(3), 722-728.

37 Notamment : Hofmeester, T. R., et al. 2017, "Cascading effects of predator activity on tick-borne disease risk", *Proceedings of the Royal Society B: Biological Sciences*, 284(1851).

38 Swaddle, J. P., & Calos, S. E., 2008, "Increased avian diversity is associated with lower incidence of human West Nile infection: observation of the dilution effect", *PLOS One*, 3(6), e2488.

Le défi des pandémies

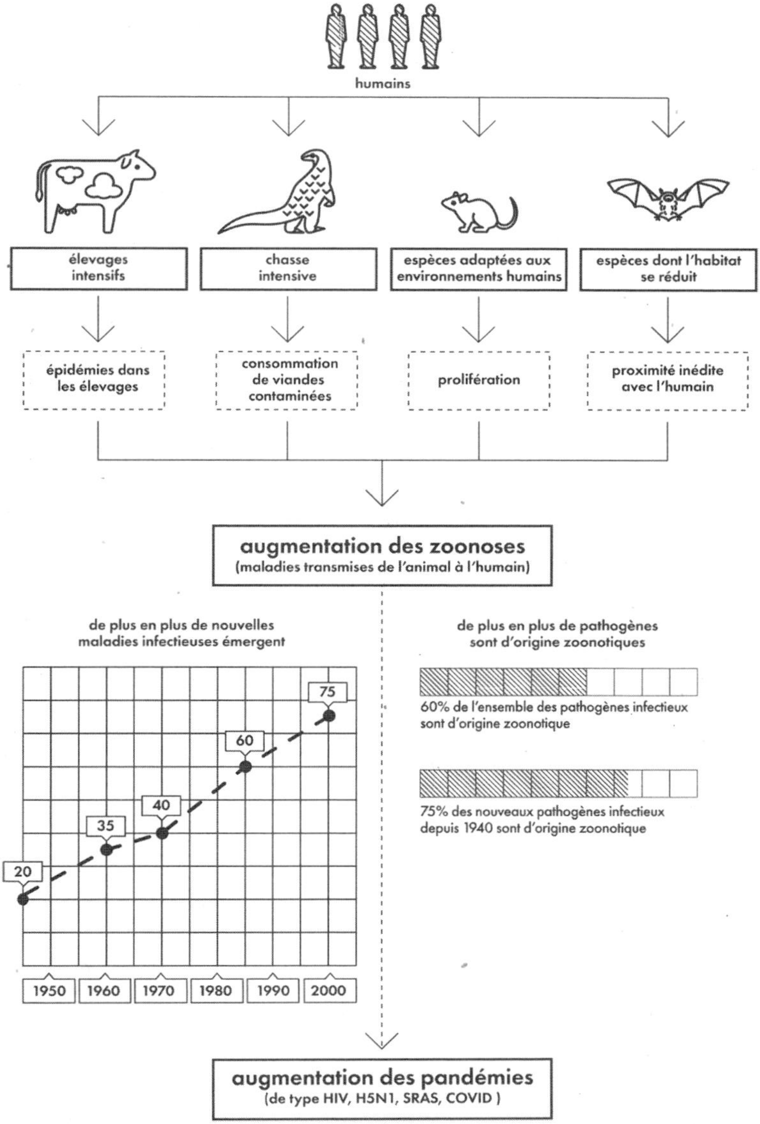

où l'on trouvait la plus grande diversité d'oiseaux, le nombre de cas était plus faible. Les moustiques piquaient un plus large éventail d'espèces, dans la majorité desquels le virus du Nil occidental ne prospérait pas, diluant ainsi l'impact des corvidés.

b. Le défi de se soigner

Nos ancêtres préhistoriques se tournaient vers la nature pour se soigner. En 2017, des recherches[39] ont montré que des Néandertaliens utilisaient déjà des plantes médicinales. La médecine moderne s'appuie toujours sur la richesse du vivant. Des études[40] approfondies menées aux États-Unis ont ainsi démontré qu'une proportion considérable des médicaments approuvés entre 1981 et 2019 étaient d'origine naturelle ou dérivés de molécules naturelles. L'ivermectine (traitement antiparasitaire), la vancomycine (antibiotique de dernier recours) ou la cyclosporine (puissant immunosuppresseur) sont des exemples de médicaments d'usage courant issus de la biodiversité. Certes, aujourd'hui, leur part a diminué. Les grandes entreprises pharmaceutiques utilisent davantage la chimie de synthèse, le génie génétique ou même l'intelligence artificielle, comme le montre le développement des vaccins à ARN messager lors de l'épidémie de Covid. Néanmoins, des médicaments nouveaux

39 Weyrich, L. S., et al. 2017, "Neanderthal behaviour, diet, and disease inferred from ancient DNA in dental calculus", *Nature*, 544, 357-361.

40 Newman, D. J., & Cragg, G. M., 2020, "Natural Products as Sources of New Drugs over the Nearly Four Decades from 1981 to 2019", *Journal of Natural Products*, 83(3), 770-803.

restent issus de la nature, ou sont inspirés de mécanismes naturels : l'éribuline contre le cancer du sein ou le lifileucel contre les mélanomes (puisque l'espèce humaine fait partie de la biodiversité).

De toute manière, la question n'est pas là. La plupart des espèces présentes sur Terre nous sont encore inconnues, ce qui, immanquablement, inclut des plantes et micro-organismes possédant des propriétés thérapeutiques qu'on ne peut aujourd'hui imaginer. Bien plus, seule une petite fraction des espèces répertoriées ont fait l'objet d'une analyse en matière de santé. Notre ignorance est donc colossale. Jean-Marie Pelt a tenté à de nombreuses reprises d'attirer[41] l'attention du public sur le risque d'extinction d'une espèce renfermant des molécules utiles, voire révolutionnaires. « Chaque espèce qui s'éteint est un livre que nous détruisons sans jamais l'avoir lu », aurait-il pu écrire. La chute de la biodiversité constitue donc également une tragédie pour notre capacité à nous soigner. Combien de médicaments disparaissent avant même qu'on les ait découverts ? C'est bien entendu impossible à quantifier. Néanmoins, plutôt que de déboiser nos forêts tropicales, ne ferions-nous pas mieux de les étudier ?

Mieux tirer parti des ressources médicales de la biodiversité passe par un meilleur respect des communautés

41 *L'homme ré-naturé* (Le Seuil, 1977) ; *La raison du plus faible* (collab. Franck Steffan, Fayard, 2009) ; *Le Tour du monde d'un écologiste* (Fayard, 1990) ; *Le Nouveau Tour du monde d'un écologiste* (Fayard, 2005).

autochtones[42]. En effet, ce sont elles qui possèdent la connaissance approfondie des écosystèmes dans lesquelles elles évoluent. C'est l'une des raisons, parmi beaucoup d'autres, pour lesquelles l'écologie prend fait et cause pour la diversité humaine. Il faut reconnaître le savoir de ces peuples, afin de valoriser des siècles de préservation de la biodiversité, tout en encourageant la perpétuation de ce travail. Dans le domaine de la santé, il est donc nécessaire de limiter l'exploitation, par quelques grandes entreprises occidentales, via notamment des brevets, de la nature des pays dits (improprement) « du sud ». Cette ambition a amené au protocole de Nagoya. La Convention sur la diversité biologique (CDB) est un traité international adopté lors du Sommet de la Terre de Rio en 1992. Elle vise à préserver la biodiversité, à favoriser son utilisation responsable et à assurer un partage équitable des bénéfices issus des ressources génétiques. Le Protocole de Nagoya (2010), rattaché à la CDB, encadre l'accès à ces dernières. Il pose des principes forts, comme le partage équitable des bénéfices, la protection des savoirs traditionnels ou le consentement préalable de l'État fournisseur avant tout accès à des ressources génétiques. Bien qu'il aille dans la bonne direction, l'absence des États-Unis de la liste des cent trente signataires a limité son impact. Le sujet est aujourd'hui moins d'actualité. Nous avons vu que les grandes entreprises pharmaceutiques utilisent moins directement qu'auparavant les ressources de la nature. Néanmoins, ces grandes tendances peuvent s'inverser. Il suffirait de quelques découvertes majeures.

42 Voir notamment : Catherine Aubertin & Anne Nivart (coord.), *La nature en partage – Autour du protocole de Nagoya*, Muséum d'histoire naturelle, 2020.

Il faut donc rester vigilant. De manière générale, la défense de la biodiversité passera par la valorisation et le respect des peuples dits « premiers ». La place centrale qui leur a été accordée lors de la COP 16 sur la biodiversité de Cali, en 2024, est donc un excellent signal.

c. Le défi de la santé mentale

Les troubles mentaux, tels que la dépression, l'anxiété ou le stress, augmentent de manière alarmante. L'Organisation mondiale de la santé estimait[43] ainsi, en 2022, qu'une personne sur huit à travers le monde en souffrait. Il s'agissait même de la première cause de vie avec handicap (un sixième des cas totaux). Ils étaient par ailleurs très mal pris en charge. La crise sanitaire provoquée par la pandémie de Covid avait aggravé la situation. Partout, elle avait entraîné une hausse du nombre de troubles dépressifs et anxieux. Une étude[44] l'évaluait à, respectivement, 27,6 % et 25,6 %. Les femmes et les jeunes adultes comptaient parmi les principales victimes.

Là encore, la biodiversité apporte des solutions à cette crise mondiale. Elle contribue en effet grandement à notre bien-être. Les thérapies qui utilisent l'exposition à des milieux naturels ont prouvé leur efficacité, comme, par exemple, Le Shinrin-yoku, ou « bain de forêt », pratique japonaise

43 OMS, 2022, Report : *World Mental Health Report: Transforming Mental Health for All.*

44 Santomauro, D. F., et al 2021, "Global prevalence and burden of depressive and anxiety disorders in 204 countries and territories in 2020 due to the Covid-19 pandemic", *The Lancet*, 398(10312), 1700-1712.

consistant à passer du temps en forêt pour favoriser sa santé tant mentale que physique. Une étude[45] de 2010 a ainsi démontré qu'elle faisait baisser la pression artérielle et réduisait le taux de cortisol, l'hormone du stress. La biodiversité urbaine offre également d'importants bénéfices psychologiques. La présence de plantes, de végétaux ou de faune améliore la santé mentale, surtout dans les zones densément peuplées. L'accès à des espaces verts a été relié[46] à une diminution des symptômes dépressifs et anxieux, à un accroissement des fonctions cognitives ainsi qu'à un bien-être général. On ne commence d'ailleurs qu'à entrapercevoir les bienfaits de l'exposition à la nature dans ce secteur. Elle agit dans des domaines où on ne l'imaginerait pas. La présence d'arbres à côté des écoles a, par exemple, été directement associée[47] à de meilleurs résultats scolaires : amélioration de la mémoire des élèves, diminution de l'inattention, etc.

Il s'agit d'un sujet sur lesquels les collectivités locales disposent d'un grand champ d'action. Un élu local peut avoir un impact important : végétalisation des écoles (et des bâtiments publics) ; création de parcs ou de corridors écologiques ; soutien à l'agriculture urbaine et

45 Park, B. J., et al. 2010, "The physiological effects of Shinrin-yoku (taking in the forest atmosphere or forest bathing): evidence from field experiments in 24 forests across Japan", *Environmental Health and Preventive Medicine*, 15(1), 18-26.

46 Bratman, G. N., et al, 2015, "The benefits of nature experience: Improved affect and cognition", *Landscape and Urban Planning*, 138 (41-50).

47 Dadvand, P. et al. 2015, "Green spaces and cognitive development in primary schoolchildren", *Proceedings of the National Academy of Sciences*, 112(26), 7937-7942.

aux fermes participatives ; mise en place de prescriptions vertes avec les professionnels de santé ; prise en compte de la biodiversité dans les programmes d'urbanisme ; transformation des friches en zones naturelles ; etc.

D – La biodiversité atténue les effets des catastrophes naturelles

L'extinction de masse des espèces nous rend plus vulnérables aux catastrophes naturelles. Or, elles sont de plus en plus fréquentes et dévastatrices. Selon l'Organisation météorologique mondiale, agence de l'Onu, leur nombre annuel a ainsi été multiplié par cinq au cours des cinquante dernières années, principalement du fait du changement climatique[48]. Si l'amélioration de la collecte des données doit bien entendu être prise en compte dans l'analyse de cette hausse vertigineuse, elle est loin de l'expliquer entièrement. Notre planète nous envoie bel et bien des signaux de plus en plus rapprochés et violents. Or, sans une riche biodiversité, nous serons moins résilients face à ces catastrophes.

Prenons l'exemple des inondations. Une étude[49] de 2013 a comparé l'efficacité des infrastructures vertes (mangroves, herbiers marins, récifs coralliens) et grises, en premier lieu les digues. Les chercheurs concluaient que les premières

48 *Atlas de la mortalité et des pertes économiques dues aux phénomènes météorologiques, climatiques et hydrologiques extrêmes* (1970-2019), 2021, Organisation météorologique mondiale.

49 Narayan, S. et al. 2016, "The effectiveness, costs and coastal protection benefits of natural and nature-based defences", *PLOS One*, 11(5), e0154735.

atténuaient considérablement la hauteur et l'énergie des vagues, alors que les secondes présentaient deux défauts majeurs : leur coût important et les forts risques de défaillance, comme des brèches ou une surverse. De plus, ces dernières ne fournissent aucun service supplémentaire. C'est même le contraire, puisqu'elles perturbent le fonctionnement des écosystèmes côtiers. Par ailleurs, les infrastructures vertes s'adaptent, et cette aptitude revêt une importance toute particulière à l'ère du changement climatique. L'exemple de Twin Cays est édifiant. Il s'agit d'un chapelet d'îles situé dans la réserve marine de South Water Caye, au large de la côte de Belize, dans la mer des Caraïbes. Il a été prouvé[50] que, depuis 8 000 ans, les mangroves qui parsèment leurs côtes s'élèvent au même rythme que le niveau de la mer. Si une partie des financements alloués à la construction et à l'entretien des digues était redirigée vers la protection et la restauration des mangroves, le rendement de chaque dollar dépensé serait donc considérablement accru.

La résilience face aux ouragans répond à la même logique. En 1998, l'ouragan Mitch fut l'un des plus meurtriers de l'Histoire, causant près de vingt mille victimes. Il a notamment dévasté le Honduras, le sud du Mexique et le Nicaragua, occasionnant des dégâts colossaux. Or, sans la biodiversité, les conséquences auraient été bien pires. Pendant la catastrophe, les forêts ont limité les glissements de terrain, les mangroves ont fait barrage aux inondations, etc.

50 McKee, K. L., Cahoon, D. R., & Feller, I. C., 2007, "Caribbean mangroves adjust to rising sea level through biotic controls on soil elevation change", *Ecology*, 88(8), 208-216.

Après, les écosystèmes ont joué un rôle crucial dans le redressement économique. Des recherches[51] ont ainsi révélé que les exploitations pratiquant l'agroécologie (cultures de couverture[52], intercalaires[53], agroforesterie[54]) avaient enduré moins de dégâts que leurs voisines engagées dans la monoculture conventionnelle. Elles disposaient de 20 à 40 % de terres cultivables supplémentaires, d'un sol plus humide et d'une érosion réduite. Une autre étude[55] menée après le passage de l'ouragan Ike à Cuba en 2008, a abouti à des résultats similaires : dans les fermes diversifiées, la moitié seulement des cultures avaient été détruites, tandis que les monocultures avaient essuyé des pertes approchant les 100 %.

Les recherches sur les régions arides vont dans le même sens : une abondante diversité biologique favorise la résilience des territoires. La biodiversité fournit en effet des services cruciaux en période de sécheresse, que ce soit en régulant les températures, en renforçant la structure du sol, en réduisant le ruissellement ou en hétérogénéisant les sources de nourriture. Il ne faut d'ailleurs pas confondre la biodiversité avec la simple végétation. Uniforme, elle perdrait toute sa valeur. Deux concepts l'expliquent. Le premier est la

51 Holt-Giménez, E., 2002, "Measuring farmers' agroecological resistance after Hurricane Mitch in Nicaragua: A case study in participatory, sustainable land management impact monitoring", *Agriculture, Ecosystems & Environment*, 93(1-3), 87-105.

52 Plantation d'une espèce végétale en association ou en alternance avec la culture principale afin de renforcer les sols agricoles.

53 Plantation d'une espèce végétale entre les rangs de la culture principale.

54 Association d'arbres et de cultures.

55 González García, E., 2012, *Agroécologie et survie à Cuba*, INRAE.

redondance fonctionnelle. Dans un écosystème diversifié, différentes espèces assurent le même rôle, ce qui permet de compenser l'éventuelle défaillance de l'une d'elles. Le second est l'importance de la diversité génétique au sein d'une même espèce. Grâce à elle, certains individus résistent mieux que leurs congénères à une catastrophe naturelle, exactement comme les êtres humains ne sont pas tous égaux face aux sécheresses. Les mécanismes de retenue d'eau d'une plante particulière sont peut-être plus efficaces que la moyenne de ceux de son espèce ; ou son cycle de croissance, légèrement différent, la rend moins vulnérable à une période donnée, etc. Là encore, cette hétérogénéité permet de compenser des défaillances.

La diversification des cultures agricoles est tout aussi avantageuse. Plus elle est importante, plus un territoire est en mesure de surmonter les aléas climatiques. Une étude[56] réalisée en Éthiopie dans la région du Tigray, zone de sécheresses régulières, l'a bien démontré : les rendements des exploitations qui cultivaient plusieurs variétés de blé fluctuaient beaucoup moins que ceux de leurs voisines restées en monoculture. En France, il est nécessaire d'accélérer sur le sujet. Les consommateurs ont d'ailleurs un rôle crucial dans cette transformation, puisqu'une plus forte demande pour une nourriture plus variée inciterait davantage les agriculteurs à jouer le jeu.

56 Di Falco, S., & Chavas, J. P., 2009, "On crop biodiversity, risk exposure, and food security in the highlands of Ethiopia", *American Journal of Agricultural Economics*, 91(3), 599-611.

E – Le défi du réchauffement climatique

Dans la liste des outils de lutte contre le changement climatique, on trouve les excréments des éléphants des forêts d'Afrique. Si cette phrase prête à sourire, elle n'en reste pas moins exacte. Comme son nom l'indique, cette espèce vit dans les denses forêts tropicales du centre et de l'ouest de l'Afrique. Plus petit que son cousin des savanes, il atteint entre 2,4 et 3 mètres au garrot. Il est reconnaissable à ses oreilles plus arrondies et à ses défenses plus droites, qui pointent vers le bas, adaptations nécessaires pour se frayer un chemin au sein de la luxuriante végétation de son habitat. L'Union internationale pour la conservation de la nature (UICN) le classe en danger critique d'extinction. Ses populations se sont effondrées tant en raison de la déforestation que d'un intense braconnage[57]. Cinq cent mille individus, contre dix millions au siècle dernier, survivent dans 25 % de son aire de répartition originelle.

Ce déclin est préoccupant. On le surnomme en effet « le jardinier de la forêt ». Il est l'une des espèces clés de voûte qui stabilisent son écosystème. Un rapport du Fonds monétaire international[58] évalue ainsi à 1,7 million de dollars la valeur du travail annuel, en ingénierie forestière, fourni par chaque éléphant. (On peut d'ailleurs mettre en regard ce chiffre avec les quarante-quatre mille dollars pièce que génère le commerce de son ivoire.) Prenons un exemple.

57 Son ivoire est très recherché, car il est plus dur et plus dense que celui de l'éléphant de savane.

58 F. Berzaghi et al., 2020, *Le travail de l'ombre des éléphants*.

La frondaison des arbres à croissance rapide, qui sont également ceux stockant le moins de carbone par unité de volume (sur le long terme), dépasse, en volume, celle de leurs voisins. Ils interceptent donc une grande partie de la lumière du soleil, mettant en danger le reste de la végétation. Or, l'éléphant des forêts d'Afrique a fait de leurs feuilles, plus jeunes, plus riches en nutriment et plus vulnérables, l'une des bases de son alimentation. En diminuant ainsi la densité de leur frondaison, il permet aux rayons du soleil d'atteindre les arbres à croissance lente, qui sont également ceux à forte densité de carbone. En parallèle, il apprécie également davantage les fruits plus sucrés de ces derniers et disperse leurs graines dans ses excréments. Des chercheurs[59] estiment que sa disparition réduirait d'entre 6 % et 9 % la capacité des forêts tropicales d'Afrique à capter le carbone. C'est un chiffre considérable puisque ces dernières comptent pour 3 à 6 % de l'absorption totale des écosystèmes mondiaux[60].

Un douanier interceptant de l'ivoire de contrebande lutte donc, en pratique, contre le changement climatique. Cette affirmation n'avait rien d'évident au début de ce chapitre. Elle montre à quel point le rôle de la biodiversité est aujourd'hui sous-estimé. Sur elle repose pourtant l'équilibre de notre planète. Le changement climatique contribue à l'extinction de masse des espèces qui l'exacerbe en retour.

59 Berzaghi et al., 2023, "Megaherbivores modify forest structure and increase carbon stocks through multiple pathways" *PNAS* 120 (5) e2201832120.

60 Calcul d'après les chiffres 2021 du Global Carbon Project.

Ces deux catastrophes écologiques s'entretiennent mutuellement. En inversant le déclin de la biodiversité, nous ferions donc également un grand pas dans la résolution de l'urgence climatique.

2. L'origine humaine de l'extinction de masse des espèces

Preuves scientifiques 2

L'IPBES (Intergovernmental Science-Policy Platform on Biodiversity and Ecosystem Services) est l'équivalent du Giec pour la biodiversité. Il a été fondé en 2012, soit vingt-quatre ans après son homologue pour le climat, ce qui montre bien que la prise de conscience de cette urgence écologique est plus récente et explique pourquoi elle est moins ancrée dans le discours médiatique. Son rapport le plus marquant, publié en 2019, a mis en lumière que près d'un million d'espèces étaient menacées d'extinction, principalement du fait des activités humaines. Ses auteurs identifiaient cinq causes à cet effondrement (et les classaient) : les changements d'usage des terres et des mers ; la surexploitation des ressources ; le changement climatique ; la pollution ; l'introduction d'espèces exotiques envahissantes. À cette liste, certains auteurs ajoutent les guerres. La lutte contre le changement climatique peut donc être vue non pas comme l'alpha et l'oméga des combats environnementaux, mais comme l'une des cinq ou six causes majeures de l'extinction du vivant (ce qui n'est déjà pas rien).

A – Les espèces exotiques envahissantes

Une espèce devient « exotique envahissante » lorsqu'elle est introduite, de manière délibérée ou accidentelle, dans un nouvel écosystème, parvient à y proliférer et cause d'importants dégâts écologiques, économiques ou sanitaires. Environ une espèce migrante sur mille remplit ces trois critères. C'est la règle dite des « 10-10-10 » : 10 % survivent dans leur nouvel écosystème ; parmi celles-ci, 10 % s'acclimatent réellement et se reproduisent fortement ; environ 10 % de ces dernières sont source de nuisances.

Le grand public sous-estime parfois leur impact. Il est ainsi possible d'entendre que les espèces ont toujours migré, et qu'il n'y a donc pas lieu de s'inquiéter. Et, en effet, l'histoire de notre planète est faite de déplacements, à commencer par les nôtres. La carpe, le lapin européen (initialement limité à la péninsule ibérique), le pigeon biset, le rat noir, etc. : de nombreuses espèces aujourd'hui communes furent, en leur temps, exotiques envahissantes. Cependant, là n'est pas la question. Comme souvent, le problème réside, avant tout, dans l'ampleur du phénomène. Si un écosystème peut éventuellement se rééquilibrer après l'arrivée d'une espèce exotique envahissante, la difficulté est toute autre quand elles sont nombreuses.

En 2017[1], toutes précautions prises du fait de l'amélioration des mesures, des chercheurs constataient une croissance

1 Seebens, H., et al, 2017, "No saturation in the accumulation of alien species worldwide", *Nature Communications*, 8(1), 14435.

exponentielle des découvertes d'espèces exotiques dans l'Histoire, passant de quelques-unes par an en 1500 à plus d'une par jour à la fin du XXe siècle. Les introductions de mammifères dans de nouveaux territoires ne sont pas en cause : elles sont même en forte baisse. Le problème concerne plutôt les crustacés, insectes, algues, arthropodes, etc. Une autre étude[2] révélait en 2018 que 16 % des espèces de notre planète avaient le potentiel pour devenir envahissantes dans certaines conditions, telles que celles induites à l'heure actuelle par le changement climatique, la mondialisation et la transformation des habitats naturels par l'urbanisation et la déforestation. Rappelons que ce pourcentage est supérieur à celui des espèces connues par l'humanité. Pour chaque espèce qui vous vient maintenant en tête, il existe au moins une espèce potentiellement exotique envahissante !

Certaines d'entre elles bénéficient d'une grande visibilité médiatique. Le moustique tigre, très répandu en France, est certainement l'une des plus célèbres. On a signalé pour la première fois son apparition en Italie, dans les années 1990. Il avait probablement été importé d'Asie via des pneus usagés utilisés comme combustible alternatif aux hydrocarbures dans les cimenteries italiennes. Nous participons tous à sa dissémination sur l'ensemble du territoire. Une étude[3] récente a constaté la présence de quatre femelles de

2 Seebens, H., et al, 2018, "Global rise in emerging alien species results from increased accessibility of new source pools", *PNAS* 115 (10) E2264-E2273.

3 Eritja, R., et al, 2017, "Direct evidence of adult Aedes albopictus dispersal by car", *Scientific Reports*, 7(1), 14399.

moustiques tigres dans chaque lot de 770 voitures prenant la route du retour des vacances.

Les espèces exotiques envahissantes provoquent des dégâts considérables. Le rapport précité de l'IPBES en recensait trois mille cinq cents à travers le monde. Elles concourent à 60 % des extinctions et sont le seul facteur dans 16 % des cas. Chaque année, elles causent pour près de quatre cents milliards d'euros de dommage, soit quatre fois plus qu'en 1960. Étant donné que la France représente environ 3 % du produit intérieur brut (PIB) mondial, elles engendreraient annuellement 12 milliards d'euros de dégâts sur notre territoire. Bien sûr, il ne s'agit que d'une approximation fruit d'un produit en croix, mais l'ordre de grandeur est intéressant, surtout en regard des quelques millions d'euros consacrés par l'État français à la résolution de ce problème.

B – La pollution

Avec le réchauffement climatique, la pollution est probablement la première cause de l'extinction de masse des espèces citée spontanément par les citoyens.

a. La pollution des sols et de l'eau

Les données que l'on peut lire dans le rapport 2019 de l'IPBES sur la pollution des sols et des mers donnent le vertige : « La pollution par les plastiques a été multipliée par dix depuis 1980 ; environ 300-400 millions de tonnes de métaux lourds, solvants, boues toxiques et autres déchets issus des sites industriels sont déversées chaque année dans les eaux du monde, et les engrais qui arrivent dans les écosystèmes côtiers ont produit plus de 400 « zones mortes » dans les océans, ce qui représente environ 245 000 km^2, soit une superficie totale plus grande que le Royaume-Uni. » C'est un facteur majeur de l'extinction de masse des espèces. Celle du Catarina Pupfish, poisson endémique du bassin de Cuatro Ciénegas au Mexique, en est un exemple parmi d'autres. Il a uniquement disparu[4] à cause de la pollution de son habitat, notamment par l'utilisation massive d'engrais agricole à proximité des sources qui l'approvisionnaient.

Outre sa contribution directe à la disparition de certaines espèces, elle déstabilise les écosystèmes, entraînant d'autres extinctions plus inattendues suivant le principe déjà rencontré des cascades trophiques. Prenons l'exemple du lac Shinji dans la préfecture japonaise de Shimane. Séparé de la mer du Japon par un mince lagon, mélange d'eau douce et salée, il a longtemps abrité une riche biodiversité qui en faisait, malgré sa taille modeste, l'un des lacs de pêche les plus importants du pays. Plus de cent mille tonnes de poissons y étaient encore pêchées annuellement dans les années 70 et 80 sans que l'on constate de « surpêche ». Ce chiffre a fondu à partir du début des années 90 : cinq mille tonnes en 2007, deux mille deux

4 Burkhead, N. M. et al 2012, "Extinction Rates in North American Freshwater Fishes, 1900-2010", *BioScience*, 62(9), 798-808.

cents en 2011, mille sept cents en 2012. Les scientifiques[5] qui se sont penchés sur le sujet ont fini par comprendre ce qui avait fait disparaître 83 % de sa biodiversité. Un chimiste japonais de Bayer découvrit ainsi, à la même époque, les néonicotinoïdes. Ils furent expérimentés pour la première fois en 1993 dans les rizières voisines du lac Shinji. Connus sous le nom de « tueurs d'abeilles », il s'agit d'une classe de pesticides neurotoxiques encore largement utilisée dans l'agriculture, notamment en France où leur interdiction a fait l'objet de nombreuses dérogations, pour lutter contre les insectes herbivores, mais qui, en réalité, s'attaque à un panel bien plus large. Ils ciblent le système nerveux central de leur victime, ce qui entraîne leur paralysie puis leur mort. En gagnant le lac par les eaux de pluie, ils ont également décimé le zooplancton dont se nourrissaient les poissons. Les populations de ces derniers se sont effondrées. Des milliers de pêcheurs ont perdu leur emploi. La protection de la biodiversité n'est donc pas seulement une affaire de poètes et de rêveurs. L'impact sur l'économie est bien réel.

Autre preuve de cette dernière affirmation, le programme de recherche européen sur l'azote rendait, en 2011, son rapport[6]. La pollution azotée est en effet l'une des plus préoccupantes en Europe, puisqu'elle produit des zones mortes, des proliférations d'algues, des pluies acides ou des

5 Yamamuro, M., et al., 2019, "Neonicotinoids disrupt aquatic food webs and decrease fishery yields", *Science*, 366(6465), 620-623.

6 Sutton, M. A., Howard, C. M., Erisman, et al., 2010, *The European Nitrogen Assessment: Sources, Effects, and Policy Perspectives*, Cambridge University Press.

contaminations importantes de l'eau potable. Elle est principalement causée par l'agriculture intensive. Ce rapport, écrit par une équipe d'experts mondiaux représentant vingt et un pays et près de quatre-vingt-dix organisations, évaluait notamment son coût annuel. Les chercheurs en donnaient une fourchette : entre 70 et 320 milliards d'euros, ce qui correspondait à une fourchette entre 150 et 750 euros par habitant, ou entre, 1 % et 4 % du revenu moyen de l'époque de l'ensemble des Européens[7]. Ce montant était bien supérieur aux bénéfices économiques qu'en retirait l'agriculture, même dans les hypothèses les plus optimistes.

Cette pollution était, et est toujours, particulièrement importante aux Pays-Bas. Les auteurs du rapport estimaient ainsi qu'elle avait fait perdre au pays plus de 20 % de sa biodiversité. S'en est suivie une prise de conscience, et des mesures (limitées) ont été adoptées par le gouvernement hollandais. Elles ont eu pour conséquence la création, en 2019, du BoerBurgerBeweging (BBB), mouvement des agriculteurs et des citoyens. Le programme de ce parti se concentrait principalement sur l'abolition de ces quelques mesures. Il a obtenu 19 % des voix aux élections provinciales de 2023. Cet exemple illustre l'une des difficultés parfois rencontrées dans la lutte contre l'extinction de masse des espèces. Bien qu'extrêmement coûteuse pour l'humanité, une extinction d'espèces peut rapporter beaucoup, à court terme, à certaines catégories de la population et entraîner d'improbables conséquences politiques.

7 Calcul d'après les chiffres Eurostat de l'époque.

b. La pollution de l'air

En 2019, selon l'OMS, 99 % de la population mondiale vivait dans des zones où l'air n'atteignait pas la qualité minimum recommandée par ses directives. Cette description n'est pas issue d'un livre de science-fiction. Il s'agit de l'état de notre planète. Cardiopathies ischémiques, AVC, cancers, bronchopneumopathies, etc. : les conséquences sur notre santé sont innombrables. Toujours d'après l'OMS, cette pollution causait annuellement 4,2 millions de décès prématurés, chiffre qui montait à 6,7 millions si l'on tenait compte de la contamination de l'air intérieur. Il s'agissait tout simplement de 10 % des morts à l'échelle mondiale, prématurés ou non, toutes causes confondues. Bien entendu, les autres espèces ne sont pas épargnées. Une étude[8] menée en 2022 dans trois grandes villes iraniennes a en effet révélé que le nombre et la variété des insectes herbivores diminuaient considérablement lors des pics de pollution. Des écosystèmes sont même affectés dans leur globalité. Plusieurs travaux[9] ont ainsi montré l'impact de la contamination de l'air sur les forêts : déclin des feuillages ; altération de la croissance des arbres ; mort des plus jeunes ; remplacement d'essences, etc.

Les conséquences de la pollution atmosphérique peuvent d'ailleurs parfois surprendre. Il vient naturellement à l'esprit que les feux de forêt détériorent la qualité de l'air.

8 Heidari Latibari, M. et al, 2022, "Effects of carbon monoxide, nitrogen dioxide, and fine particulate matter on insect abundance and diversity in urban green spaces", *Scientific Reports*.

9 Par exemple : *Intensive Monitoring of Forest Ecosystems in Europe*, 2003, Commission européenne.

La pollution de l'air, facteur majeur et sous-estimé dans les incendies à Los Angeles

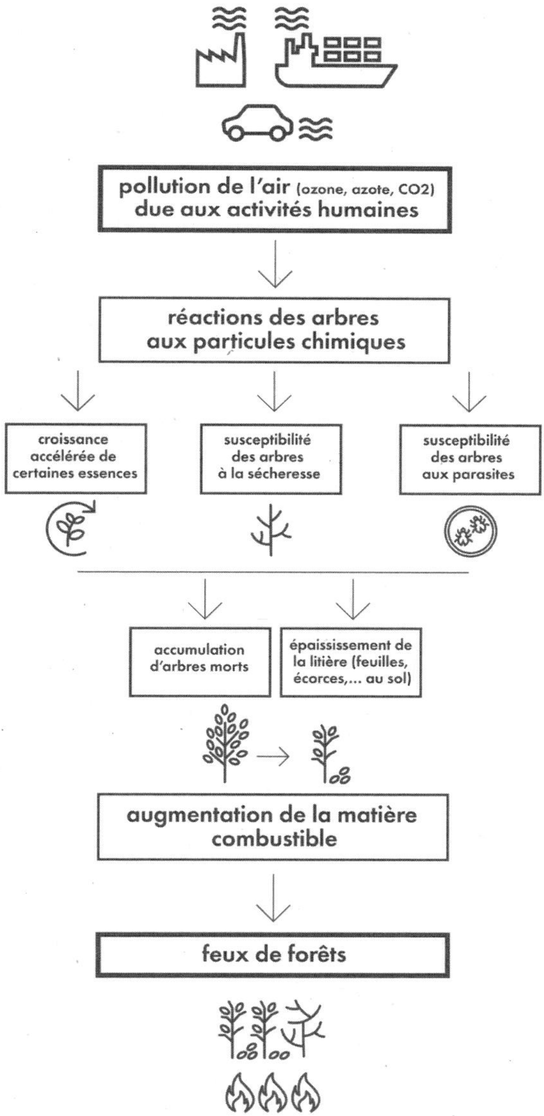

L'effet inverse semble moins évident. Et pourtant... Les montagnes de San Bernardino s'étendent au sud de la Californie, non loin du bassin de Los Angeles. Leurs forêts de pins, de sapins et de chênes abritent une riche biodiversité, y compris des espèces menacées, comme le mouflon de la Sierra Nevada. Elles sont particulièrement exposées à la pollution atmosphérique, puisque le bassin de Los Angeles est l'une des régions les plus contaminées des États-Unis. Le trafic routier, l'industrie, la production d'électricité génèrent un grand nombre de polluants que le vent transporte ensuite vers ces montagnes, où ils s'accumulent. En 2009, des scientifiques[10] ont lié cette pollution et la vulnérabilité des forêts de San Bernardino aux incendies, par l'intermédiaire de multiples mécanismes biologiques, tels que le maintien au sol d'une épaisse litière[11], hautement inflammable, favorisée notamment par l'accélération du cycle de vie des feuilles et donc de leur chute plus abondante. C'est un cercle vicieux : les feux de forêt renforcent l'altération de l'air qui provoque elle-même des incendies.

Les importants incendies de janvier 2025 qui ont brûlé près de 23 000 hectares, ont été particulièrement médiatisés. Les rôles, incontestables, tant du changement climatique que

10 Grulke, N. E. et al., 2009, "Air pollution increases forest susceptibility to wildfires: A case study in the San Bernardino Mountains in Southern California", *Developments in Environnemental Science* – Volume 8 – Chapter 17.

11 En forêt, la litière désigne la couche superficielle du sol formée par l'accumulation de matières organiques mortes, principalement les feuilles, aiguilles, branches, fruits, écorces, et parfois des restes animaux, qui tombent au sol.

des vents dits de Santa Ana[12] ont alors bien été mis en avant pour expliquer l'origine des feux répétés[13] qui endeuillent cette région. Celui de la dégradation de la biodiversité, via la pollution de l'air – là encore incontestable – l'a beaucoup moins été. On voit donc bien qu'il y a un combat médiatique à mener pour donner plus de voix à cette cause.

c. La pollution lumineuse

L'obscurité a toujours fait peur à l'être humain. Cette angoisse transparaît dans de nombreux mythes. Pour Platon, elle symbolise l'ignorance[14]. Chez les Égyptiens, Apophis, le serpent géant, incarne le chaos et la destruction. Il tente chaque nuit d'empêcher la renaissance du soleil en affrontant Rê. Des siècles plus tard, Marco Polo[15] évoque des voix mystérieuses, qui, la nuit, dans le désert de Gobi,

12 Les vents dit de Santa Ana, chauds et secs, soufflent du désert vers la côte. Ils sont un facteur majeur dans la propagation rapide des incendies de forêt dans la région. Ils peuvent atteindre des vitesses supérieures à 100 km/h, ce qui rend difficile la lutte contre les flammes.

13 En 2003, l'incendie d'Old Fire (2003) a détruit plus de 36 000 hectares et plus de 1 000 maisons. En 2016, l'incendie Blue Cut a ravagé 15 000 hectares, forçant l'évacuation de 82 000 personnes. En 2020, l'incendie de El Dorado (2020) a brûlé 8 900 hectares. En septembre 2024, le Line Fire a dévasté des dizaines de milliers d'hectares.

14 « Allégorie de la caverne », *La République*, Platon.

15 « Quand on chevauche de nuit dans ce désert, il arrive qu'un voyageur reste en arrière et s'écarte pour dormir ou pour tout autre motif. Quand il veut rejoindre la caravane, il entend des voix qui lui semblent être celles de ses compagnons. Parfois elles l'appellent par son nom : il change ainsi de direction à plusieurs reprises et finit par s'égarer complètement. De nombreux voyageurs ont péri de cette manière. Je vous dis que même de nos jours, ces voix ont été entendues. D'autres fois, on entend jouer des instruments de musique, particulièrement du tambour. » *Le livre du Grand Khan.*

perdent les voyageurs. Plus près de nous, George Orwell[16] décrit son angoisse, renforcée par l'obscurité, face aux bombardements allemands. Pour nous en protéger, nous avons donc inventé les torches, les lampes, les réverbères, transformant petit à petit la nuit en une extension du jour, jusqu'à engendrer la pollution lumineuse moderne.

Quelle est son ampleur ? Selon l'Office français de la biodiversité (OFB), elle touche 85 % du territoire de la France hexagonale. Au niveau mondial, 80 % des êtres humains, chiffre qui monte à 99 % aux États-Unis et en Europe, vivent sous un ciel pollué par de la lumière artificielle[17]. Et la situation ne s'améliore pas : l'éclairage nocturne mondial a augmenté[18] de près de 2 % par an entre 2012 et 2016, tant en superficie qu'en radiance.

Les astronomes furent les premiers à s'en inquiéter. Dès 1887, Arthur Searle se plaignait des lampadaires électriques qui éclairaient les rues de Boston, car ils l'empêchaient d'observer correctement la lumière zodiacale[19].

16 « Chaque nuit, Londres devenait un lieu de silence et d'ombres. L'obscurité, imposée par le black-out, semblait rendre les bombardements encore plus terrifiants. On ne pouvait pas voir la destruction qui se produisait autour de soi, mais on pouvait l'entendre, et c'était d'autant plus grave. » George Orwell, *Chroniques du temps de la guerre,*

17 Falchi F, et al., 2016, "The new world atlas of artificial night sky brightness", *Sciences Advance.*

18 CCM Kyba., et al, 2017, "Artificially lit surface of Earth at night increasing in radiance and extent", *Science Advances,* 3(11), e1701528.

19 Il s'agit d'une faible lueur juste avant le lever ou après le coucher du soleil, causée par la réflexion de la lumière solaire sur les poussières spatiales, un phénomène que l'on ne peut généralement plus observer aujourd'hui que depuis les zones rurales.

Depuis, la situation ne cesse d'empirer : le nombre d'étoiles visibles à l'œil nu diminue ainsi de 10 % par an[20].

Les conséquences de la pollution lumineuse sont innombrables. Elle a été associée à d'importants problèmes de santé, comme les troubles du sommeil[21], l'obésité ou le cancer du sein[22]. Sa contribution à l'extinction massive des espèces est également significative. Une grande partie des animaux sont nocturnes. 50 % des mammifères le sont, comme les renards ou les chauves-souris, alors que seuls 25 % sont diurnes[23]. Les amphibiens sont les plus nocturnes, 90 % des espèces étant principalement actives la nuit tandis que les insectes se répartissent à parts égales entre les deux catégories. Seuls les poissons sont majoritairement diurnes. En augmentant artificiellement notre emprise sur notre planète, même lorsque nous dormons, la pollution lumineuse bouleverse donc la vie de ces espèces et déséquilibre les écosystèmes[24]. Elle désoriente les oiseaux migrateurs, perturbe la croissance des plantes, augmente le risque de prédation, etc.

20 CCM Kyba, et al., 2023, "Citizen scientists report global rapid reductions in the visibility of stars from 2011 to 2022", *Science*, 379(6629), 265-268

21 Cho, Y., et al., 2015, "Effects of artificial light at night on human health: A literature review of observational and experimental studies applied to exposure assessment", *Chronobiology International*, 32(9), 1294-1310.

22 Prajapati N., et al., 2025, "Outdoor exposure to artificial light at night and breast cancer risk: A case-control study nested in the E3N-Generations cohort", *Environmental Health Perspectives*, 133(4), 047006.

23 Les autres 25 % correspondent aux espèces crépusculaires qui s'activent principalement à l'aube et au crépuscule comme le puma, les lapins ou les rongeurs.

24 Falchi F, et al., 2016, "The new world atlas of artificial night sky brightness", *Sciences Advance*.

On peut, là encore, rencontrer des causalités surprenantes. Tout comme la pollution atmosphérique, la pollution lumineuse affecte... la santé des forêts ! Le lucane cerf-volant est un coléoptère reconnaissable à sa stature imposante (il peut mesurer jusqu'à dix centimètres) et à ses mandibules saillantes, rouge acajou chez les mâles. Il joue un rôle clé dans l'équilibre des écosystèmes forestiers. Ses larves vivent plusieurs années dans les souches ou les troncs d'arbres en décomposition, se nourrissant du bois mort, le fragmentant et concourant ainsi à recycler la matière organique. (On dit qu'elles sont saproxylophage.) L'espèce est inscrite sur la liste rouge de l'UICN dans la catégorie « proche d'être menacée ». Son aire de répartition en France s'est fortement restreinte et il ne subsiste plus désormais que dans des poches disparates, isolées les unes des autres. Son déclin est lié à l'usage des pesticides, à la détérioration de son habitat et, donc... à la pollution lumineuse[25]. Il s'oriente grâce à la Lune pour trouver un partenaire pendant la saison de reproduction. Les lampadaires, les réverbères et toutes les sources de lumière artificielle les attirent alors irrésistiblement. Ils volent autour jusqu'à épuisement, prédation ou collision avec un véhicule.

Les élus bénéficient d'un argument de poids pour faire avancer cette cause : les finances publiques. Dans un rapport de 2012, l'Ademe estimait ainsi qu'en France, plus de la moitié de l'éclairage public était obsolète et comptait pour plus de la moitié de la facture énergétique des petites communes.

25 Bruce-White, C., Shardlow, M., 2011, "A review of the impact of artificial light on invertebrates", *Buglife – The Invertebrate Conservation Trust.*

Depuis, la situation s'est améliorée, la crise énergétique de 2022 accélérant encore la prise de conscience, si bien qu'aujourd'hui, d'après Enedis, 80 % des communes éteignent leurs lampadaires après 22 h. La France est d'ailleurs l'un des bons élèves de l'Europe. Un rapport[26] de l'agence environnementale européenne montre qu'en moyenne, la luminosité artificielle du ciel français avait baissé entre 2014 et 2021, alors qu'elle avait augmenté ailleurs : en Bulgarie, Pologne, Allemagne, Danemark, Italie, Espagne, etc.

Pourtant, ce résultat mérite d'être nuancé. La luminosité artificielle du ciel n'est que l'un des trois types de pollution lumineuse (avec l'éblouissement et l'intrusion de lumière lorsque la lumière tombe là où elle n'est ni voulue ni nécessaire) et l'éclairage des bureaux et des commerces, la nuit, reste un sujet majeur, tout comme les panneaux d'affichage numériques de plus en plus envahissants. Par ailleurs, les résultats ont été obtenus par l'emploi massif de Led, souvent vantées pour leur efficacité énergétique et leur longue durée de vie mais qui posent également des problèmes, telle l'émission de lumière bleue[27]. Enfin, ces résultats ne sont pas uniformes sur le territoire. Dans certaines villes

26 Widmer K., Beloconi A., Marnane I., Vounatsou P., *Review and Assessment of Available Information on Light Pollution in Europe*, 2022.

27 La lumière bleue fait référence à une partie du spectre lumineux émis par ces ampoules, qui comprend une proportion importante de lumière à haute énergie située dans la plage des courtes longueurs d'onde (environ 400 à 500 nanomètres). Contrairement aux ampoules traditionnelles (comme les ampoules à incandescence), les LED émettent souvent une lumière blanche, qui est en réalité un mélange de plusieurs couleurs, dont une proportion élevée de bleu. La lumière bleue a un impact considérable sur la biodiversité. Les insectes, par exemple, sont particulièrement attirés par la lumière bleue, ce qui peut les piéger autour des lampadaires, nuisant à leurs cycles de vie et, par extension, perturbant les écosystèmes (comme la pollinisation).

de banlieue parisienne, la luminosité artificielle du ciel a, par exemple, considérablement augmenté entre 2014 et 2021.

La population est heureusement de plus en plus consciente des dégâts non financiers engendrés par la pollution lumineuse. En 2022, une étude[28] a révélé que la plupart des habitants de Montpellier soutenaient leur ville dans sa démarche volontaire en la matière et ce, non pas pour des raisons économiques, mais pour protéger la biodiversité. Une enquête de l'ANPCEN (Association Nationale pour la Protection du Ciel et de l'Environnement Nocturnes), réalisée en 2018, aboutissait à un résultat similaire : trois quarts des Français estimaient que la pollution lumineuse n'était pas suffisamment prise en compte par les pouvoirs publics, un soutien en forte hausse en six ans.

Il est donc possible d'encore accélérer sur le sujet. Le rôle des élus locaux est crucial. L'éclairage public n'est pas leur seul levier d'action. Le Règlement local de publicité (RLP) en est un autre. Le Grenelle de l'environnement a renforcé les pouvoirs communaux et intercommunaux dans ce domaine. Des projets ambitieux ont pu voir le jour. La Métropole de Lyon a ainsi adopté, en juin 2023, un RLP qui pourrait servir de modèle à qui voudrait se lancer dans un projet de ce type. Il vise à réduire de 60 à 90 % le nombre de panneaux publicitaires d'ici 2026. Il interdit les

28 Beaudet, C., Tardieu, L., & David, M., 2022, « Les citoyens sont-ils prêts à accepter des changements dans l'éclairage public pour la conservation de la biodiversité ? », *Ecological Economics*, 200(107527).

panneaux numériques dans l'espace public, impose l'extinction des enseignes lumineuses à 19 h 00 dans les zones de faible activité économique et à 23 h 00 dans les zones plus actives. De plus, la publicité est proscrite autour de plus de 95 % des établissements scolaires.

Pour mener à bien un projet de lutte contre la pollution lumineuse, il ne faut cependant pas nier l'enjeu sécuritaire. Il est même à traiter en priorité. L'être humain pense souvent que plus de lumière signifie plus de sécurité. Et c'est d'ailleurs vrai par certains côtés. Des études vont dans ce sens comme celle réalisée en 2017 par l'université de Chicago[29] sur la situation dans le Bronx. Cependant, la causalité n'est pas aussi intuitive qu'il n'y paraît. Des niveaux élevés d'éclairage public ont ainsi également été associés à une absence d'impact sur la sécurité[30], voire même à une augmentation de l'insécurité[31], puisque les cambrioleurs « travaillent » plus facilement dans les zones éclairées ! Il s'agit donc avant tout d'adapter son projet à son territoire et de bien intégrer en amont tous les habitants que pourrait inquiéter la diminution de l'éclairage public. Ce sujet peut néanmoins être une bonne manière d'instaurer un dialogue sur le rôle de la biodiversité et les dangers auxquels elle fait face.

29 Chalfin et al., 2017, *The impact of Street lighting on Crime in New York city public housing*, Dep. Of Justice, University of Chicago.

30 Steinbach et al., 2015, "The effect of reduced street lighting on road casualties and crime in England and Wales: controlled interrupted time series analysis", *Journal of Epidemiology & Community Health*, 69(11), 1118-1124.

31 Tompson, L., et al., 2022, "Absence of Street Lighting May Prevent Vehicle Crime, but Spatial and Temporal Displacement Remains a Concern", *Journal of Quantitative Criminology*.

C – La surexploitation des ressources

Selon le rapport de l'IPBES de 2019, l'exploitation directe du vivant[32] est la deuxième plus importante cause d'extinctions des espèces. Quand elle se déroule à un rythme supérieur au renouvellement naturel, on parle d'ailleurs de surexploitation. Néanmoins, bien que nous nous concentrerons par la suite sur cette dernière catégorie, c'est bien l'ensemble de l'exploitation directe du vivant qui a fait l'objet des calculs quantitatifs de l'IPBES et non la seule surexploitation.

Rien n'illustre mieux l'absence de vision à moyen ou long terme que la pêche industrielle. Prenons l'exemple de la morue de Terre-Neuve[33]. Avant l'arrivée des Européens, ses populations formaient, au large des côtes canadiennes, l'une des plus grandes réserves halieutiques au monde. Les premiers explorateurs ont ainsi décrit des eaux grouillantes de poissons. Cette pêche a nourri des communautés entières pendant des siècles. Elle s'est intensifiée dans les années 50 avec l'introduction des chalutiers industriels. Le nombre de prises a bondi, menaçant la survie même des populations. À l'exploitation avait succédé la surexploitation. Dans les années 70 et 80, des scientifiques ont tiré la sonnette d'alarme : ce secteur économique courrait à sa perte. Ils ont été ignorés. La pêche s'est poursuivie à un

32 C'est-à-dire la chasse, la pêche, la coupe de bois, la récolte de plante sauvage, etc.

33 Hutchings, J. A., & Myers, R. A., 1994, "What can be learned from the collapse of a renewable resource? Atlantic cod, Gadus morhua, of Newfoundland and Labrador", *Canadian Journal of Fisheries and Aquatic Sciences*, 51(9), 2126-2146.

rythme effréné et au milieu des années 90, le gouvernement canadien a dû se résoudre à imposer un moratoire sur la pêche à la morue de Terre-Neuve, entraînant des conséquences dévastatrices pour l'économie. Près de trente-cinq mille pêcheurs et travailleurs de l'industrie ont perdu leur emploi du jour au lendemain. (Malgré la gravité de cette crise sociale, il n'y a pas eu de sanctions politiques majeures. La population avait bien conscience du caractère systémique du problème.) Aujourd'hui, des décennies plus tard, les populations de morues de Terre-Neuve ne sont toujours pas reconstituées.

On peut aussi citer l'exemple, plus actuel, des thons de l'océan Indien. Poisson parmi les plus convoités au monde, on le retrouve massivement dans nos sushis ou nos boîtes de conserve. Il occupe également une place centrale dans son écosystème. Il régule les populations de ses proies tout en servant de nourriture à de plus grands prédateurs, comme les requins. Il est également essentiel aux économies locales, assurant la survie de nombreux petits pêcheurs. Or, ses différentes espèces sont menacées d'extinction critique, du fait surtout de la pêche intensive par les flottes industrielles européennes[34], et notamment de la capture indistincte des juvéniles. Quelques mesures[35] ont été prises

34 International Seafood Sustainability Foundation, 2023, *Sustainability of Global Tuna Stocks Relative to MSC Criteria: Priorities for Indian Ocean Tuna Fisheries.*

35 Pour pêcher le thon sont massivement utilisés des dispositifs de concentration de poissons (DCP). Les DCP sont des radeaux artificiels destinés à capturer plus facilement les thons qui s'agglutinent instinctivement autour des objets flottants. Certains thoniers industriels peuvent embarquer plus de 300 DCP reliés entre eux, formant ainsi de gigantesques toiles d'araignées de plusieurs kilomètres carrés. Environ 90 % du thon pêché par les grandes flottes industrielles espagnoles et françaises le sont par DCP.

lors de discussions entre gouvernements, à Mombasa, en 2023. Néanmoins, elles ont été jugées insuffisantes par de nombreux spécialistes et ne permettront pas de résoudre le problème.

Pourtant, les avantages économiques d'une bonne gestion des populations de poissons sont bien documentés. *The Ocean Prosperity Roadmap*, rapport initié suite au Sommet mondial sur l'océan de 2015, a ainsi montré que la mise en place de quotas de pêche bien respectés permettrait d'accroître considérablement les profits du secteur. Le nombre de poissons dans nos océans doublerait, les prises annuelles augmenteraient de 29 % et les bénéfices bondiraient de cinquante milliards de dollars. Transformer le système actuel en un système durable rapporterait 10 dollars pour chaque dollar dépensé. En septembre 2024, une étude[36] internationale menée par une trentaine de scientifiques de renom établissait même des règles précises[37] pour bien gérer les océans, mettant notamment l'accent sur la nécessité de ne plus raisonner espèce par espèce, mais de les considérer comme un écosystème global. Il ne manque donc plus que la volonté politique.

Attirant les poissons sans distinction d'âge, y compris les juvéniles, capturant des espèces protégées de tortues, de requins ou de mammifères marins, les DCP sont un outil de pêche destructeur de l'environnement. Les interdire aurait favorisé une pêche plus locale, de cabotage, notamment par les pays limitrophes de l'Océan Indien. A finalement été adoptée une mesure intermédiaire : l'interdiction des DCP durant trois mois par an.

36 Roberts, C., Béné, C., et al., 2024, "Rethinking sustainability of marine fisheries for a fast-changing planet", *npj Ocean Sustainability*, 3(41).

37 Aligner les captures sur les capacités de régénération des populations de poissons ; sanctuariser les zones de reproduction ; réduire les captures accessoires ; interdire les pratiques les plus destructrices ; etc.

Pêche et écologie

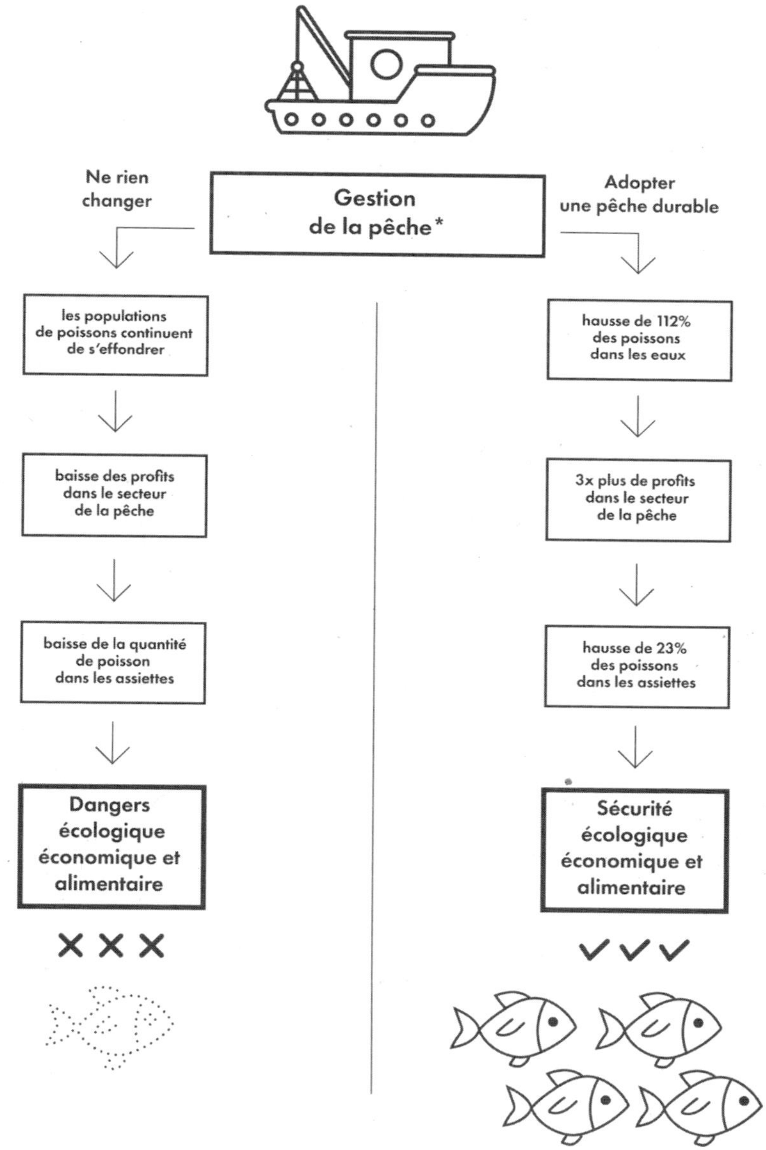

Préserver la biodiversité renforce toujours la prospérité à moyen et long terme de l'ensemble de la population, tandis que sa destruction, même si elle peut bénéficier à court terme à un petit groupe, entraîne d'inévitables effondrements économiques dont nous subissons tous les conséquences.

D – Le changement d'usage des sols et des mers

Le changement d'usage des terres et des mers est, selon l'IPBES, la première cause d'extinction d'espèces. Nous avons déjà modifié 75 % de notre environnement terrestre et 66 % de notre environnement marin[38]. En France, nous faisons face à une forte artificialisation des sols qui est loin de décroître. D'après l'Insee, 9,1 % du territoire métropolitain était artificialisé en 2020, contre 5,2 % en 1982. La majorité de ces changements d'usage a touché des terres agricoles, principalement dans le but de construire des logements ou des infrastructures routières. Selon l'agence gouvernementale Agreste[39], l'équivalent de trente-cinq mille terrains de football est ainsi artificialisé chaque année.

38 La modification de l'environnement marin inclut, par exemple, l'acidification des océans due au changement climatique, l'eutrophisation de zones (c'est-à-dire leur mort totale) à cause des engrais et rejets agricoles, les immenses gyres de plastique, la construction d'îles artificielles, l'exploitation pétrolière en haute mer ou encore la destruction des mangroves.

39 *L'état des lieux de l'artificialisation des sols,* Ministère de l'Agriculture et de la Souveraineté alimentaire, 2020.

Il est aisé de comprendre en quoi cette artificialisation est néfaste pour la biodiversité. Que transformer une prairie ou un champ en parking ait un impact négatif sur la nature ne surprend personne. En revanche, l'importance de la fragmentation de l'habitat[40] naturel est souvent sous-estimée. Pourtant, une partie importante de l'influence néfaste d'un changement d'usage de terre ou de mer en découle. Isoler des populations d'animaux et de végétaux peut entraîner leur assèchement génétique et, à terme, leur disparition. Une étude[41] a par exemple démontré que, toute chose égale par ailleurs et, en particulier, la superficie de terre artificialisée, la perte de biodiversité pouvait s'accroître de 13 à 75 % lorsqu'un un projet entraînait, en sus, une fragmentation des habitats naturels. Une célèbre étude[42] allemande parue en 2017 est venue confirmer ces résultats. Elle commençait par un constat empirique : 75 % de la biomasse d'insectes avait disparu, sur les zones étudiées, au cours des trente années précédentes. Elle aurait pu passer inaperçue parmi les nombreuses recherches mettant en évidence l'effondrement des pollinisateurs, mais la nature des zones étudiées attirait l'attention : il s'agissait d'aires protégées, principalement des réserves naturelles de l'ouest de l'Allemagne ! Les chercheurs aboutissaient donc à la conclusion effrayante que, même dans ce que l'on croyait être des sanctuaires, les insectes

40 Fragmenter un habitat naturel consiste à le diviser en plusieurs petites parcelles isolées les unes des autres.

41 Haddad, N. et al., 2015, "Habitat fragmentation and its lasting impact on Earth's ecosystems", *Ecological Applications*, 25(2), 306-308.

42 Hallmann, C. A. et al., 2017, "More than 75 percent decline over 27 years in total flying insect biomass in protected areas", *PLOS One*, 12(10), e0185809.

disparaissaient massivement. Il restait une question : Pourquoi ? Entourés de territoires hostiles (terres artificialisées, champs inondés de pesticides, villes éclairées de manière excessive), ils se retrouvaient prisonniers de ces îlots de verdure. Les générations d'insectes se succédant beaucoup plus rapidement que les nôtres, l'absence de renouvellement génétique asséchait l'espèce. Imaginons des humains vivant pendant des milliers d'années dans une région de la taille de l'Alsace, sans apports génétiques extérieurs, pour comprendre ce mécanisme.

Les animaux et les plantes doivent se déplacer. Il ne suffit pas de leur réserver des sanctuaires préservés. C'est pour cette raison que la stratégie des « *hotspots* de biodiversité », popularisée en 1988 par Norman Mayer, est très critiquable. Elle consiste à concentrer les efforts de préservation sur des zones à la fois très menacées et disposant d'une exceptionnelle biodiversité. Alors, certes, en fonctionnant ainsi, nous parviendrions à conserver certaines espèces rares et endémiques ; et ce ne serait déjà pas rien. Toutefois, ce serait également méconnaître ce que l'on vient de démontrer, c'est-à-dire l'importance cruciale de la non-fragmentation des habitats naturels. Par certains aspects, cette stratégie correspond à la vision moderne anthropocentrique héritée des lumières où l'homme domine la nature. Dans ce cas, il la domine avec bienveillance bien sûr, mais il la domine quand même. En choisissant les endroits les plus « précieux » à préserver, il se place en démiurge, ignorant les interactions complexes qui existent tant à l'intérieur qu'entre les écosystèmes.

Les corridors écologiques sont nécessaires à la survie des espèces. Les animaux comme les végétaux ont besoin de se reproduire, de migrer et d'adapter leurs aires de répartition face aux bouleversements extérieurs, comme peut l'être aujourd'hui le changement climatique. Il n'existe pas de zones négligeables. Même le terrain vague, qui parait le plus dénué de vie, peut servir de point de passage à une espèce rare. C'est pour cette raison que la création, à l'initiative de certaines collectivités françaises, de trames bleues, vertes et nocturnes est si importante, bien qu'elle semble moins impressionnante que la spectaculaire préservation de hotspots.

Les barrières sont le pendant des corridors. Elles déséquilibrent fortement les écosystèmes. Prenons un exemple. En Australie, les barrières anti-lapins de l'ouest australien, également connues sous le nom de « Rabbit-proof fence », arrêtent… la pluie[43] ! Elles ont été construites entre 1901 et 1907 pour protéger les terres agricoles de l'ouest du pays contre les invasions d'espèces considérées comme « nuisibles », telles que les lapins, les dingos, les renards ou les émeus. Elles s'étendent, en cumulé, sur près de 3 256 kilomètres depuis le sud de l'Australie, près de la ville d'Espérance, jusqu'à la côte nord, à proximité de Port Hedland.

Or, des scientifiques ont constaté que la différence de végétation, sauvage ou agricole, de part et d'autre de cette

43 Nair, U. S., et al., 2011, "The role of land use change on the development and evolution of the west coast trough, convective clouds, and precipitation in southwest Australia", *Journal of Geophysical Research: Atmospheres*, 116(D7), D07103

clôture a modifié la pluviométrie locale. À l'est, dans la zone plus désertique, les précipitations ont augmenté, tandis qu'elles ont diminué à l'ouest, sur les terres cultivées, qui deviennent de plus en plus arides. Les chercheurs avancent plusieurs hypothèses pour expliquer ce phénomène : le remplacement des plantes agricoles par des plantes sauvages[44] ; la couleur ; l'albédo élevé des surfaces cultivées[45] ; l'absence de régulation de l'écosystème par les animaux sauvages, etc. Quoi qu'il en soit, les agriculteurs de l'Ouest australien sont contraints à une course à l'eau et à l'irrigation peu viable sur le long terme.

Que faire pour limiter l'artificialisation des sols, et, plus généralement, le changement d'usage des terres et des mers ? Nous aurons toujours besoin de lancer de nouveaux projets. Il faudra nécessairement, à un moment ou à un autre, construire des hôpitaux ou des écoles, ou même, tout simplement, développer un territoire. Si l'immense majorité de ces projets pourra, et devra, utiliser des terrains déjà artificialisés, selon l'adage « Construire la ville sur la ville », il émergera immanquablement des cas où cela sera impossible. Alors, que faire ? Pour équilibrer les effets inévitables de l'activité humaine, une théorie,

44 Les plantes sauvages ont généralement des racines plus profondes et plus ramifiées que les plantes cultivées. En période de sécheresse, elles peuvent donc puiser de l'eau dans des couches auxquelles les plantes cultivées n'ont pas accès. Elles transpirent donc davantage tout au long de l'année, favorisant la formation des nuages.

45 Les sols aux albédos élevés réfléchissent davantage la lumière du soleil, contrairement aux sols aux albédos faibles qui l'absorbent plus. La couche d'air à proximité des sols aux albédos élevés est donc plus froide. Or, l'air chaud monte, entraînant la vapeur d'eau et la formation des nuages. Un air plus froid près du sol peut donc entraîner moins de précipitations.

La barrière australienne qui arrête les nuages

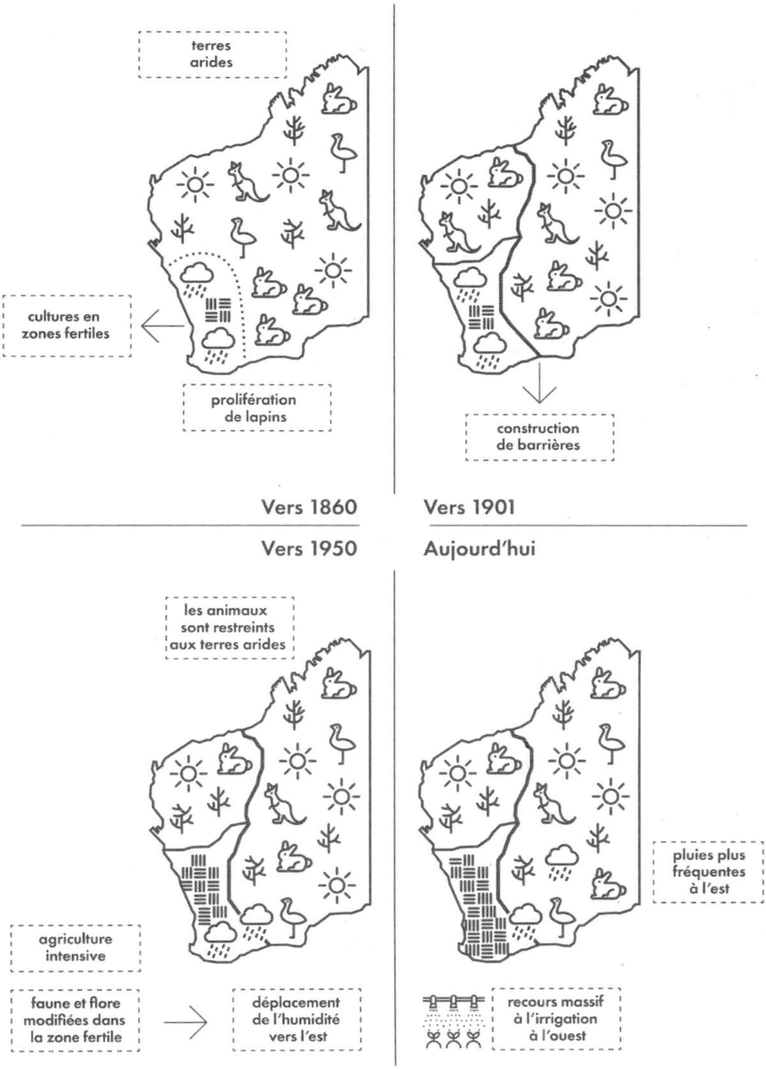

théoriquement séduisante, a émergé. La « compensation biodiversité » est née aux États-Unis dans les années 70. Le Clean Water Act (1972) a ainsi, pour la première fois, imposé de compenser la pollution ou la destruction de zones humides par la création ou la restauration d'autres zones humides, ailleurs. Cette idée a rapidement traversé l'Atlantique pour intégrer le droit français en 1976, devenant la démarche « éviter-réduire-compenser » (ERC), instaurée par la loi n° 76-629 du 10 juillet 1976 relative à la protection de la nature. Depuis cette date, chaque porteur de projet doit se poser deux questions préalables : mon projet est-il vraiment nécessaire ou, en d'autres termes, peut-il être évité ? puis-je le modifier pour réduire son impact écologique ? Ce qu'il reste de perte de biodiversité, inévitable, doit alors être compensé par d'autres investissements favorables à cette même biodiversité. Apparaît ainsi le mirage d'une action humaine à effet neutre sur la nature. Aujourd'hui, de nombreux acteurs du système bancaire se préparent à la croissance exponentielle des marchés de compensation biodiversité. Une étude[46] a prédit qu'ils bondiraient d'un milliard d'euros en 2030 à soixante-neuf milliards d'euros en 2050.

Les scientifiques sont unanimes : cette séduisante théorie ne fonctionne pas dans la pratique. De nombreuses études l'ont démontré. Citons deux d'entre elles. La première[47] est

46 World Economic Forum, 2023, *Scenarios for the Development of Biodiversity Credit Markets.*

47 Moreno-Mateos D., et al., 2012, "Structural and Functional Loss in Restored Wetland Ecosystems", *PLOS Bio.*

particulièrement intéressante, car elle dresse un bilan des premiers programmes de compensation mentionnés plus haut. Les auteurs ont analysé les 621 projets de restauration de zones humides financées dans le cadre du Clean Water Act. Ils ont démontré que, même après plusieurs décennies, leur richesse écologique n'atteignait pas celle des écosystèmes détruits. La seconde[48] s'attarde sur la situation française. Des chercheurs d'AgroParisTech et du Muséum national d'histoire naturelle ont ainsi prouvé, en 2019, que la grande majorité des opérations de compensation effectuées selon la démarche ERC entraînaient une perte importante de biodiversité.

Pourquoi la compensation biodiversité ne fonctionne-t-elle pas ? Une étude[49] en a parfaitement analysé les raisons : manque de suivi rigoureux et de gouvernance transparente des projets de compensation ; difficulté à recréer des écosystèmes complexes ; non prise en compte des effets de la fragmentation des habitats, etc.

Ce cas illustre d'ailleurs clairement la distinction entre la lutte contre le changement climatique et celle contre l'extinction de masse des espèces. La compensation carbone se fonde sur des principes solides. En effet, si du carbone est émis dans un endroit du monde et qu'une quantité

48 Weissgerber, M., Roturier, S., Julliard, R., & Guillet, F., 2019, « La compensation biodiversité : certitude d'une perte nette, incertitude d'un gain net », *Ecological Economics*, 156, 110-119.

49 Maron, M., et al., 2015, "Conservation: Stop misuse of biodiversity offsets", *Nature*, 530(7591), 143-145.

équivalente est capturée ailleurs, la somme totale reste nulle. Par contre, compenser la destruction d'une forêt en France par des investissements pour la sauvegarde des Orangs-outangs en Indonésie paraît beaucoup moins logique. On peut attribuer un prix au carbone. On ne peut pas en attribuer au vivant.

Alors, comment faire ? André Gorz[50] comme Bruno Latour[51] insistaient sur l'importance de la sincérité pour construire une politique écologique. Or, aujourd'hui, la compensation biodiversité ne fonctionne pas, avant tout, car elle sert souvent d'alibi. Plus aucune limite n'existe dans l'esprit des porteurs de projet puisque, de toute manière, les pertes en biodiversité seront compensées. Les étapes « éviter » et « réduire » sont réduites au minimum, lorsqu'elles ne sont pas tout simplement enjambées. En France, nous menons d'ailleurs une politique écologique qui manque de sincérité, et donc, ne fonctionne pas. Un état centralisé comme le nôtre ne devrait pas imposer aux collectivités des contraintes, comme le zéro artificialisation nette, sans modifier en profondeur son rapport avec elles, sans leur donner les moyens de cette ambition, et surtout, en lançant, en parallèle, les plus grands travaux publics de l'histoire de France, comme la construction du canal Seine-Nord Europe[52]. Si la politique écologique était cohérente

50 In *Écologie et politique*, Le Seuil, 1975.

51 In *Où atterrir ?*, La Découverte, 2017.

52 De 107 kilomètres, la canal Seine-Nord Europe vise à relier Compiègne (Oise) à Aubencheul-au-Bac (Nord). Les travaux de terrassement détruiront une quantité de sols quatre fois plus importante que le creusement du canal de Suez ! Le gestionnaire envisage 78 millions de m3 de déblais en cumulé, soit une montagne de terre retournée recouvrant le champ de Mars et plus haute que la tour Eiffel. Les travaux détruiront

et sincère, il serait plus simple de suivre les compensations biodiversité des rares projets indispensables qui n'auront pas pu être menés sur des terrains déjà artificialisés, et donc, de corriger une partie de leur inefficacité.

E – Le changement climatique

Nous vivons la sixième extinction de masse des espèces, celle de l'Holocène. Selon l'IPBES, le changement climatique en est l'une des cinq causes majeures, la troisième en importance derrière le changement d'usage des sols et des mers et la surexploitation des ressources. Une méta-analyse[53] de 131 études a ainsi montré qu'il menacerait, à l'horizon 2100, près de 16 % des espèces connues, pourcentage grimpant à 24 % pour les seules espèces sud-américaines. Des phénomènes physiques bien connus expliquent ce désastre : l'acidification des océans ; la modification du cycle des saisons ; la montée du niveau de la mer ; l'augmentation de la fréquence des événements climatiques extrêmes ; etc. Les oiseaux migrateurs arrivent

près de 3 000 hectares de terres agricoles, parmi les plus fertiles de France, ainsi que l'habitat de nombreuses espèces protégées. Ce seront les travaux publics les plus importants de toute l'histoire de France, bien avant les liaisons TGV Lyon-Turin ou Paris-Bordeaux. Selon les experts, les services rendus à la collectivité ne paraissent pas en rapport avec cette destruction. Pour les décideurs publics, le canal désengorgerait l'autoroute du Nord et créerait presque 50 000 emplois. Néanmoins, comme le démontre la thèse de Clément Lesniak, intitulée « l'impact du Canal Seine Nord Europe sur le développement régional », ce n'est pas du tout certain et les effets de la création d'une infrastructure de transport sont toujours difficiles à anticiper. Il est probable que le CNSE permette avant tout d'exporter massivement nos produits agricoles, ce qui n'est pas cohérent avec des objectifs écologiques.

53 Urban, M. C., 2015, "Accelerating extinction risk from climate change", *Science*, 348(6234), 571-573.

trop tôt, ou trop tard, sur leur lieu de nidification. La chaleur favorise des maladies infectieuses qui déciment les populations d'amphibiens. Les exemples sont multiples. La recherche a également mis en évidence des cercles vicieux[54] : le changement climatique affecte la date de floraison de certaines plantes, ce qui entraîne le déclin de leurs pollinisateurs ; ces mêmes plantes s'adaptent en retour pour s'en passer en augmentant, par exemple, leur taux d'autofécondation. L'espèce humaine s'en trouve largement perdante.

Le changement climatique illustre bien à quel point l'extinction massive actuelle est différente des précédentes. Au Permien, au Trias ou au Crétacé, la destruction d'une population était directe : d'intenses éruptions volcaniques ou une chute de météorite dévastaient leur habitat. Ces phénomènes n'étaient pas uniformes à la surface du globe et les grandes extinctions massives du passé étaient donc plus lentes que celle que nous vivons aujourd'hui[55]. Le changement climatique est global. Partout, il oblige les espèces à s'adapter, piège évolutif qui les oblige à entrer en compétition les unes avec les autres. Des espèces généralistes et résistantes, comme les rats, les méduses, les moustiques ou les plantes invasives, dominent donc de plus en plus d'écosystèmes.

54 Acoca-Pidolle, S., et al., 2024, "Ongoing convergent evolution of a selfing syndrome threatens plant-pollinator interactions", *New Phytologist*, 242(2), 717-726.

55 Barnosky, A. D., 2011, "Has the Earth's sixth mass extinction already arrived ?", *Nature*, 471(7336), 51-57.

Prenons maintenant un exemple. Le réchauffement planétaire se ressent particulièrement dans les Alpes. L'Apollon est l'un de ses papillons emblématiques. Reconnaissable à ses ailes blanches parsemées de taches noires, il migre vers des altitudes de plus en plus élevées pour retrouver les conditions nécessaires à sa survie[56]. Ce déplacement vers les cimes pose problème. Il survit dans des espaces de plus en plus exigus, de plus en plus fragmentés, avec les conséquences que nous avons vues précédemment.

La disparition de l'Apollon des montagnes ne concernerait pas seulement les amoureux de la nature et les chercheurs ; elle aurait aussi de vastes conséquences pour l'humanité. Les écosystèmes alpins fournissent des services vitaux, même aux villes éloignées. Ce sont, par exemple, de gigantesques réservoirs d'eau douce qui approvisionnent tant les habitations que les exploitations agricoles ou les centrales hydroélectriques. Or, l'Apollon des montagnes joue un rôle crucial dans cet écosystème. Il régule des plantes connues sous le nom de Sedum dont se nourrissent presque exclusivement ses chenilles. Son déclin engendre leur prolifération, réduisant l'espace disponible pour d'autres espèces végétales qui, elles, assurent davantage la stabilité des sols ou le cycle de l'eau.

La lutte contre le réchauffement climatique est donc une composante majeure de la lutte contre l'extinction de masse

56 Par exemple : Descimon H, et al., 2005, "Decline and extinction of Parnassius apollo populations in France – continued", *Studies on the Ecology and Conservation of Butterflies in Europe*, 114-115.

des espèces. Il ne s'agit pas de minimiser son impact, mais de modifier l'entrée par laquelle l'écologie est abordée, pour la rendre plus accessible au grand public et parvenir à transformer nos sociétés.

3. Les solutions inopérantes Au moins d'un point de vue politique

A – La culpabilisation individuelle

La théorie du Colibri a été popularisée par Pierre Rabhi[1]. Elle part d'une légende indienne où, lors d'un incendie de forêt, seul un colibri essaie d'éteindre les flammes en transportant quelques gouttes d'eau dans son bec. Interrogé par d'autres animaux trouvant son attitude vaine, il répond : « Peut-être, mais je fais ma part. » Chaque être humain est ainsi incité à faire sa part de travail dans les luttes environnementales, sans être découragé par l'inertie du système. On peut rapprocher cette vision de la fameuse citation de Cyrano de Bergerac : « C'est encore plus beau lorsque c'est inutile. »

Bien entendu, il ne s'agit pas de décourager ici celles et ceux qui voudraient agir. Le moindre geste reste utile face à la crise que nous vivons. Notre obsession pour les jardins

1 In *La part du colibri : l'espèce humaine face à son devenir,* Éditions de l'Aube, 2006.

parfaitement soignés, «propres», sans la moindre trace de désordre, d'insectes, de hérissons ou d'oiseaux, nuit ainsi considérablement à la biodiversité. Adopter des pratiques durables contribue à sauver les espèces de sa région. Néanmoins, il est nécessaire d'interroger la culpabilisation individuelle en termes d'efficacité politique. Et tout d'abord, commençons par en étudier ses fondements scientifiques.

Une étude[2] de 2018 a révélé que, si nous adoptions toutes et tous un comportement écologique exemplaire, nous ne remplirions que 25 % des objectifs mondiaux de réduction des émissions de carbone. Les 75 % restant nécessitent une remise en cause de notre fonctionnement collectif. Aucun chercheur ne s'est penché sur cette question pour l'extinction de masse des espèces. Toutefois, d'instinct, on peut imaginer que les résultats iraient dans le même sens.

Par exemple, l'une des pollutions les plus néfastes est la pollution plastique : ils se dégradent lentement, affectent la santé humaine, s'accumulent dans les océans, modifient les habitats, contribuent au réchauffement planétaire, etc. Sa production mondiale a été multipliée par 400 depuis 1950 pour atteindre 400 millions de tonnes par an en 2023[3]. Elle atteindrait même 500 millions de tonnes d'ici 2030. Individuellement, nous sommes incapables d'enrayer cette croissance vertigineuse. Tout d'abord, les alternatives aux

2 Moran, D. et al., 2018, "Quantifying the potential for consumer-oriented policy to reduce European and foreign carbon emissions", *Environmental Science & Policy*, 81, 121-131.

3 Sources : l'industrie elle-même et particulièrement Plastics Europe.

plastiques ne sont pas toujours disponibles ou abordables. La part de marché des emballages non plastiques se situe par exemple sous les 1 %. De plus, une grande part de cette production est utilisée dans les marchés dits de B2B, c'est-à-dire entre entreprises : la construction, l'automobile, l'électronique, etc. Les choix personnels ne peuvent donc pas altérer de manière substantielle la demande globale. La baisse de la production mondiale est avant tout une question de décisions politiques et industrielles.

Le grand désavantage politique de la culpabilisation individuelle est qu'elle exonère tant les politiques que les entreprises de leurs responsabilités. De nombreux citoyens et citoyennes ne comprennent pas qu'on les montre du doigt quand c'est le système entier qui est organisé de manière absurde. Le soutien pour l'écologie n'est donc dès lors pas à la hauteur de ce qu'il devrait être. La crise actuelle nécessite aujourd'hui une telle refonte de nos sociétés qu'elle ne peut reposer sur le seul engagement citoyen. La responsabilité individuelle ne peut se substituer à la responsabilité politique.

B – Le technosolutionnisme

Le technosolutionnisme est un concept flou pour lequel existent de nombreuses définitions. Ici, il sera employé pour désigner la croyance selon laquelle les problèmes écologiques graves, tels que l'extinction de masse des espèces, pourraient être résolus grâce au progrès technologique.

Cette pensée est actuellement sinon dominante, du moins très ancrée sur notre planète, notamment dans la lutte contre le changement climatique. Pour nombre d'entre nous, le technosolutionnisme représente l'espoir de ne pas avoir à modifier nos modes de vie malgré cette menace grandissante. Dans *La ressource ultime*, publié en 1981, Julian Simon avançait ainsi qu'il n'y aurait jamais de pénurie de ressources, car l'être humain les surmonterait toujours par son ingéniosité. Actuellement, même s'il n'est pas auteur, Elon Musk incarne ce rêve d'une technologie émancipatrice, offrant des solutions à tous les problèmes rencontrés par l'Humanité.

Pourtant, dès le XIXe siècle, les travaux de l'économiste William Stanley Jevons ont contredit cette théorie. C'est ce que l'on appelle l'effet Jevons. En étudiant le cas du charbon en Angleterre, énergie dominante de l'époque, il a montré que le progrès technologique conduisait à l'augmentation de sa consommation. « L'idée, écrivait-il, selon laquelle un usage plus efficace, et donc plus économe, du combustible équivaudrait à une moindre consommation est une confusion totale. C'est l'exact contraire qui est vrai. » Avec l'amélioration des rendements des machines, les usages se diversifiaient et la consommation du charbon augmentait.

Le transport aérien est l'un des secteurs sur lequel se concentrent les espoirs des technolosolutionnistes. De nombreuses innovations émergent : électrification[4],

4 Les avions électriques pourraient réduire significativement les émissions de carbones sur les vols courts et régionaux. Des prototypes existent, mais les applications

carburants durables[5], hydrogène[6] ou encore optimisation[7] des appareils et des trajectoires. Néanmoins, une simple analyse scientifique technologie par technologie met rapidement en évidence leurs limites. Bien plus, les émissions de dioxyde de carbone ne forment qu'une part minoritaire de la contribution de ce secteur au réchauffement planétaire. Une étude[8] de 2021 a ainsi démontré qu'elles ne représentaient que 40 % de l'ensemble des émissions de gaz à effet de serre du transport aérien, le reste provenant de l'émission d'autres gaz à effet de serre, tels que l'oxyde d'azote, et, dans une mesure considérable, des traînées de condensation, un phénomène encore mal compris. Pour atténuer l'empreinte carbone de ce secteur, il faudra donc impérativement restreindre nos déplacements en avion.

commerciales à grande échelle ne sont pas attendues avant au moins 2030-2040. De plus, la production des batteries dégage, elle aussi, du CO2. Il paraît donc difficile de diminuer les émissions de carbone par ce moyen dans le contexte d'une augmentation constante du transport aérien.

5 Les carburants durables, dérivés de biomasse, d'huiles usagées ou de sources synthétiques, peuvent réduire les émissions de CO2 de 50 à 80 % par rapport aux carburants classiques, tout en étant compatibles avec les moteurs actuels des avions. Néanmoins, leur production est encore faible et coûteuse. Ils ne représentaient qu'environ 0,1 % du carburant utilisé dans l'aviation mondiale en 2022.

6 Les avions à hydrogène ne produiraient pas de CO2 lors de leur fonctionnement. Cette technologie pourrait donc réduire massivement les émissions de ce secteur, en particulier pour les vols moyens et longs courriers. Son déploiement nécessitera cependant une refonte complète de l'infrastructure aéroportuaire (stockage, transport, distribution). De plus, l'hydrogène a besoin de réservoirs volumineux et cryogéniques (stockage à très basse température), ce qui pourrait diminuer l'efficacité des avions. Enfin, il s'agirait juste d'une délocalisation des émissions de CO2 puisque le dihydrogène est principalement produit par vaporeformage d'hydrocarbures.

7 Il est estimé que l'amélioration de la gestion du trafic aérien et des trajectoires pourrait réduire les émissions de l'aviation de 6 à 10 %, en diminuant les temps de vol, les attentes, et les plans de vol inefficaces.

8 Lee, D. S, et al., 2021, "The contribution of global aviation to anthropogenic climate forcing for 2000 to 2018", *Atmospheric Environment*, 244, 117834.

Malgré tout, le discours technosolutionniste sur l'aviation reste particulièrement populaire au sein d'une espèce humaine avide de liberté et d'échanges, et qui espère transmettre le rêve du vol et de l'exploration aux générations futures. Il est très difficile d'aller à l'encontre de cette aspiration légitime.

Les limites du technosolutionnisme apparaissent bien plus clairement lorsque l'on s'intéresse à l'extinction de masse des espèces. Le mirage ne survit pas. Son côté « apprenti sorcier » est plus facilement perceptible par la population, en raison de la nature spectaculaire et visible des solutions proposées.

Georges Church, généticien à Harvard, est probablement l'une des voix les plus emblématiques du technosolutionnisme appliqué à la biodiversité. C'est l'un des pionniers de la « déextinction » qui consiste à ramener une espèce éteinte à la vie. À ses yeux, il s'agit d'un moyen efficace de restaurer les écosystèmes, en récréant les conditions originelles de leur équilibre. Les deux projets phares ont porté sur le Mammouth laineux, afin de restaurer la toundra, et la Tourte voyageuse[9] dont les déjections massives fertilisaient les forêts d'Amérique du Nord. Dans les deux cas, les chercheurs ont tenté de récréer leur génome à partir de leur plus proche cousin, respectivement l'éléphant et

9 Elle était autrefois l'un des oiseaux les plus abondants en Amérique du Nord, avec des milliards d'individus. Cependant, en raison de la chasse excessive et de la destruction de son habitat, sa population s'est effondrée. Le dernier individu connu, une femelle nommée Martha, est mort en captivité en 1914 au zoo de Cincinnati.

le pigeon à queue barrée. Les limites de ces projets sont bien plus évidentes que dans le cas de la lutte contre le changement climatique. Tout d'abord, reconstruire le patrimoine génétique d'une espèce éteinte ne garantit en rien le retour des comportements bénéfiques pour les écosystèmes. La Tourte voyageuse se déplaçait sur de longues distances en immenses nuées. Ses excréments, riches en nutriment, nourrissaient alors les sols forestiers et dispersaient les graines. Cependant, était-ce une pratique innée ou acquise ? Était-elle inscrite dans son génome ou était-elle le fruit de milliers d'années d'apprentissage collectif ? Ensuite, comment avoir la certitude que la réintroduction d'une espèce clé d'un écosystème, qui a depuis évolué sans elle, n'aura pas d'effet imprévu ? Comment réagirait la toundra si le Mammouth laineux revenait soudainement après tant de siècles d'absence ? Enfin, ne vaudrait-il pas mieux consacrer ces financements à la protection des espèces non encore éteintes ?

Le pape François a parfaitement illustré les limites du technosolutionnisme dans son encyclique Laudato si' : « La technologie, liée aux secteurs financiers, qui prétend être l'unique solution aux problèmes, de fait, est ordinairement incapable de voir le mystère des multiples relations qui existent entre les choses, et, par conséquent, résout parfois un problème en en créant un autre. »

Le technosolutionnisme appliqué au changement climatique confronte souvent les citoyens et les citoyennes en quête de réponses à des chiffres attirants, dans la fixation desquels existe une part d'arbitraire. Insister davantage sur la biodiversité permettrait de plus facilement montrer l'inefficacité de cette voie.

C – Les limites du discours sur la décroissance

La décroissance est la réduction délibérée et planifiée de la production et de la consommation dans le but de diminuer les pressions environnementales, d'améliorer la qualité de vie et de promouvoir l'équité sociale. Les fondements de cette théorie ont été énoncés dès le XIXe siècle par des économistes aussi variés que John Stuart Mill[10], libéral et féministe, ou Thomas Malthus, le pourfendeur de la surpopulation. Publié en 1972, le rapport Meadows, plus connu sous le titre *The Limits to Growth* (*Les limites de la croissance*), a été le premier à imposer cette question dans le débat public. Ses auteurs insistaient sur l'impasse à laquelle aboutissait une croissance infinie dans un monde fini. Plus tard, Serge Latouche, dans son ouvrage *Petit traité de la décroissance sereine*, critiquait à son tour ce mythe, qu'il considérait comme destructeur pour la planète et les relations humaines. Il proposait un modèle de société fondé sur la sobriété et les « 8R » (réévaluer, reconcevoir,

10 « Un état stationnaire du capital et de la population n'implique pas un état stationnaire de l'amélioration humaine. Il y aurait toujours autant de place pour cultiver son esprit et de progrès moraux et sociaux ; autant de place pour améliorer l'art de vivre, et beaucoup plus de chances d'ailleurs qu'il le soit vraiment [...] Ce n'est que lorsque, en plus d'institutions justes, l'accroissement de l'humanité se fera sous la direction délibérée d'une prévoyance judicieuse, que les conquêtes faites sur les forces de la nature par l'intelligence et l'énergie des découvreurs scientifiques pourront devenir la propriété commune de l'espèce, et le moyen d'améliorer et d'élever le sort universel. » *Principes d'économie politique*, 1848.

restructurer, redistribuer, relocaliser, réduire, recycler, réutiliser), recentré sur les besoins essentiels, en rupture avec le productivisme.

Pourquoi avoir placé la décroissance dans cette section et non pas dans celle des solutions ?

La décroissance permettrait de régler les crises écologiques. C'est incontestable. Néanmoins, elle présente d'importantes limites politiques, voire même sociales, qui n'en font pas une solution viable. Notre système de santé se trouve, par exemple, dans une situation critique. Les disparités régionales sont insoutenables[11]. 10 % de la population habite à plus de 30 minutes d'un service d'urgence. L'écart d'espérance de vie entre les zones rurales et urbaines atteint 2,2 ans pour les hommes et 0,9 an pour les femmes. À âge et sexe égaux, les résidents ruraux consomment 20 % de soins hospitaliers en moins. Comment planifier un projet aussi ambitieux que celui de la décroissance, sans aggraver ces inégalités ? Admettons que l'on y parvienne. Comment alors convaincre de sa faisabilité une population confrontée à cette désertification sanitaire et ayant grandi dans un monde axé sur la croissance illimitée ? Comment la convaincre de prendre ce risque ? Comment les persuader qu'il n'y aurait pas, a minima, une étape où la situation des plus pauvres se détériorerait considérablement ? Tout l'enjeu politique est là. Cela semble difficile. On voit d'ailleurs avec cet

11 Association des maires ruraux de France, 2021, *Accès au soin en milieu rural, la bombe à retardement ?*

exemple qu'il faudrait plutôt une décroissance de l'inutile et une croissance de l'utile, c'est-à-dire du nombre d'hôpitaux, d'écoles et de haies. Toutefois, qu'est-ce que l'utile ? Qu'est-ce que l'inutile ? Qui devrait le décider ?

Aujourd'hui, pour toutes ces raisons, le concept de décroissance a été remplacé par celui de post-croissance dans les recherches économiques. S'ils remettent en cause la nécessité d'une croissance économique continue, les penseurs et penseuses post-croissants ne prônent pas non plus une réduction brutale de l'activité économique. Ils préconisent plutôt une transition vers un modèle économique où le bien-être humain et écologique primerait sur l'augmentation du PIB.

Ces chercheurs privilégient d'ailleurs souvent d'autres indicateurs que le PIB considéré comme insuffisant pour mesurer le progrès réel d'une société. Ils en privilégient d'autres qui prennent davantage en compte le bien-être, l'égalité sociale, le respect de l'environnement et le bénévolat. Le plus connu d'entre eux est l'indice de développement humain (IDH), créé par Amartya Sen, prix Nobel d'économie en 1998. Les pays les mieux classés selon cet indice (essentiellement la Suisse, l'Allemagne ou les pays du nord de l'Europe) ne sont pas les pays ayant le PIB le plus important. Les États-Unis se retrouvent ainsi régulièrement au-delà de la vingtième place quand la Chine peine à rentrer dans les cinquante premiers. Une politique écologique devrait donc avant tout viser à augmenter l'IDH, ou un autre indice équivalent, plutôt que le PIB.

Les valeurs de la post-croissance sont bien perçues par la population. Deux chercheuses ont ainsi publié, en août 2022, une étude[12] sur l'acceptation par le grand public, en Europe, des concepts qui lui sont généralement associés. Les citoyens avaient le choix entre deux énoncés : « La protection de l'environnement doit être une priorité, même si cela entraîne un ralentissement de la croissance économique et une perte d'emplois » et « La croissance économique et la création d'emplois devraient être la priorité absolue, même si l'environnement en pâtit dans une certaine mesure ». En moyenne, 60,5 % des Européens se déclaraient en faveur de la première solution, et donc, de la post-croissance. Bien entendu, les résultats divergeaient selon les trente-quatre pays étudiés. Six d'entre eux, dont la Pologne et la Lituanie, voyaient le soutien à la première citation tomber sous la barre des 50 %. Les bas revenus approuvaient également moins cette dernière que le reste de la population. Il subsiste par conséquent beaucoup de travail à faire pour obtenir un consentement plus large et réellement réussir à transformer la société. Cette étude, et d'autres, permettent cependant d'espérer qu'une politique écologique visant à augmenter non pas le PIB, mais l'IDH, ou un indicateur équivalent, pourrait obtenir un soutien suffisamment large pour être mise en place.

12 Paulson, L., & Buchs, M., 2022, "Public Acceptance of Post-Growth: Factors and Implications for Post-Growth Strategy", *Futures*, 143.

4. La vision écologique supplantera la vision anthropocentrique
Une stratégie de conquête du pouvoir

Les recherches en sciences sociales montrent qu'une minorité décidée peut changer les choses. Par exemple, selon Damon Centola[1], dès qu'un quart des membres d'un groupe adopte un nouveau comportement, les autres finissent par les imiter.

Aujourd'hui, notre vision du monde est anthropocentrique, c'est-à-dire que nous nous concentrons surtout sur les besoins de l'être humain, sans grande considération pour les autres formes de vie. C'est cette norme sociale qu'il faut renverser.

Comment persuader un quart de l'humanité de rallier la cause écologique ?

La pensée anthropocentrique accompagne l'humanité depuis des millénaires, ce qui la rend difficile à combattre.

1 Centola, D. et al., 2018, "Experimental evidence for tipping points in social convention", *Science*, 360(6393), 1116-1119.

Des philosophes antiques plaçaient déjà l'être humain au sommet du vivant en raison de sa capacité à raisonner (*logos*). Aristote, par exemple, concevait l'univers comme une vaste structure hiérarchisée, dominée par l'homme, où chaque être avait une fonction bien définie (*telos*).

Néanmoins, c'est seulement au XVIe et au XVIIe siècle que la vision anthropocentrique du monde s'est imposée. Avec la révolution scientifique est née la foi en une science toute-puissante. La nature devient une « machine », un objet d'études comme les autres. L'être humain a dès lors non seulement la possibilité, mais aussi une sorte d'obligation morale de percer ses mystères pour les utiliser afin d'améliorer le confort de toutes et tous. René Descartes écrivait dans son *Discours sur la méthode* : « Nous devons nous rendre comme maître et possesseur de la nature. » Son contemporain, Francis Bacon[2] [3], allait même plus loin, convaincu que la nature devait être « soumise à la torture » si nécessaire, ne posant plus aucune limite à l'expérimentation scientifique.

La révolution industrielle des XVIIIe et XIXe siècles a décuplé l'utilisation des ressources naturelles pour soutenir une croissance économique rêvée sans limite.

Aujourd'hui, la pensée anthropocentrique domine plus que jamais. Elle sous-tend toute l'organisation de nos sociétés.

2 « Nous ne pouvons attendre de la nature qu'elle vienne à nous. Il faut l'attraper par les cheveux. Il est nécessaire de la soumettre, de la faire trembler sur ses fondements. »

3 « Pour la révélation des secrets de la nature [...] un homme ne doit pas hésiter à entrer et à pénétrer dans ces trous et ces recoins, lorsque l'investigation de la vérité est son objectif principal. »

Aux États-Unis, Ayn Rand[4], figure emblématique de l'anti-écologie, est souvent citée par de nombreux responsables du parti républicain. Pour cette fondatrice de l'objectivisme, la liberté individuelle était primordiale, et l'être humain avait le droit d'exploiter les ressources naturelles sans que l'État n'impose de restrictions ou de normes au nom du bien commun. L'écologie n'était à ses yeux qu'un nouvel avatar du mysticisme et des superstitions, une somme de dogmes irrationnels qui entravaient le progrès. En France, Luc Ferry a longtemps été le porte-voix de cette vision radicale anti-écologique[5]. Il critiquait les courants de pensée qui plaçaient la nature au même niveau que l'humanité. C'est lui qui a popularisé l'expression « khmers verts » apparue pour la première fois en septembre 1991 en couverture du magazine Actuel.

Si ces thèses servent aujourd'hui de socle à nos sociétés, l'Histoire nous montre que les normes sociales ne sont pas immuables. Convaincre un quart de l'humanité de s'engager dans la transition écologique peut paraître ambitieux, surtout dans le contexte actuel où l'écologie sert de bouc émissaire pour tous les maux de ce monde. Pourtant, c'est tout à fait réalisable. En fait, cela finira par se produire. Les résistances à l'écologie ne sont pas inquiétantes. Au contraire, elles sont même autant de signaux positifs. La force avec laquelle la société s'oppose à une idée est en effet proportionnelle à sa validité et à son potentiel de croissance. Ce serait bien plus préoccupant si personne ne combattait

4 *Atlas Shrugged*, 1957.

5 *Le nouvel ordre écologique – L'arbre, l'animal et l'homme*, Grasset, 1992.

l'écologie. On attribue souvent à Arthur Schopenhauer cette citation : « Les idées nouvelles passent toujours par trois phases : d'abord elles sont ridiculisées, ensuite elles sont violemment combattues, enfin elles sont acceptées comme évidentes. » Bien qu'il ne l'ait jamais écrite, elle résume parfaitement ses idées ainsi que celles de nombreux autres penseurs, comme William James, Thomas Huxley, Max Planck ou même Gandhi.

Si l'écologie inquiète tant, c'est qu'elle repose à la fois sur des études scientifiques rigoureuses et sur des philosophies cohérentes, et qu'elle a donc tout pour devenir l'une des valeurs phares de l'humanité.

Porphyre de Tyr[6], Aldo Leopold[7], Arne Naess[8], Rachel Carson[9], James Lovelock[10], Naomi Klein[11], Jared

6 Porphyre de Tyr (*De l'abstinence*, IIIe siècle) a développé une véritable pensée animaliste avant l'heure. Il soutenait le régime végétarien, convaincu que les animaux possédaient des facultés sensibles et réfléchies, ce qui leur conférait une dignité morale.

7 Aldo Leopold (*A Sand County Almanac*, 1949) a proposé une nouvelle « éthique de la terre » où l'homme n'était plus le conquérant placé au sommet de la hiérarchie du vivant, mais un membre comme les autres de la communauté biotique.

8 Arne Næss (Økologi, samfunn og livsstil, 1976) soutient l'idée selon laquelle toutes les formes de vie, qu'elles soient humaines ou non, possèdent une valeur intrinsèque, indépendamment de leur utilité pour l'être humain.

9 Dans un registre plus politique que philosophique, la biologiste Rachel Carson (*Silent Spring*, 1962) a obtenu un succès mondial en dénonçant les effets dévastateurs des pesticides chimiques sur les insectes et notre santé.

10 James Lovelock (*Gaia: A New Look at Life on Earth*, 1979) était un scientifique britannique, connu pour l'hypothèse Gaïa, selon laquelle la Terre fonctionne comme un organisme autorégulé.

11 Très connue, plus généralement, pour son engagement anticapitaliste, Naomi Klein (*This Changes Everything: Capitalism vs. The Climate*, 2014) a mis en évidence que la crise écologique était directement liée au capitalisme triomphant et appelle à une transition écologique fondée sur la justice sociale.

Diamond[12], Bruno Latour[13], Philippe Descola[14], etc. : un grand nombre de penseurs et de penseuses de l'écologie ont d'ores-et-déjà obtenu une large reconnaissance du grand public. La victoire de l'écologie sur la pensée anthropocentrique est donc inéluctable. Comme l'écrivait Lao Tseu dans le Tao Te Ching : « Rien au monde n'est plus souple et plus faible que l'eau, mais pour entamer ce qui est dur et fort, rien ne la surpasse. » Victor Hugo, dans *L'histoire d'un crime* (1877), l'exprimait différemment : « On résiste à l'invasion des armées ; on ne résiste pas à l'invasion des idées. » Il s'agit donc plutôt, avant tout, d'accélérer cette victoire afin d'éviter un grand nombre de morts, de malheurs et de désastres. Chacun peut jouer un rôle dans cette mission. Le mouvement écologiste dispose de bien plus d'outils et de potentiels alliés qu'on ne le pense d'ordinaire.

A – La religion, une alliée souvent mésestimée par les mouvements écologistes

L'écologie n'est pas seulement la réponse, étayée par des preuves scientifiques rigoureuses, aux menaces existentielles

12 Jared Diamond (*Collapse*, 2005) a connu un succès mondial en démontrant que de nombreuses civilisations, telles que celles des Vikings, des Mayas ou des mystérieux habitants de l'île de Pâques, s'étaient effondrées du fait de crises écologiques face auxquelles les politiques avaient pris de mauvaises décisions.

13 Bruno Latour (*Face à Gaia*, 2018) a remis en question la séparation artificielle entre la nature et la société, soulignant le lien profond qui unissait les humains et les non-humains et souhaitant transformer la société en conséquence. Son travail a souvent suscité de vifs débats publics.

14 L'anthropologue Philippe Descola (*Par-delà la nature et la culture*, 2005) est devenu une figure intellectuelle respectée, malgré la complexité de ses écrits, en examinant comment diverses cultures perçoivent la nature et l'environnement. Il critique l'ontologie occidentale (« le naturalisme »), et lui oppose le totémisme, l'animisme et l'analogisme.

qui pèsent sur l'humanité. C'est également une forme de spiritualité. Quand Henry David Thoreau publie *Walden ou la vie dans les bois*, en 1854, roman qui fera de lui l'un des plus grands écrivains américains du XIXe siècle, le monde ignorait tout de l'extinction de masse des espèces ou du changement climatique, qui étaient pourtant, l'une comme l'autre, déjà à l'œuvre. Il faudra attendre le suédois Svante Arrhenius, prix Nobel de chimie en 1903, pour lier les émissions de dioxyde de carbone au réchauffement planétaire. Quant à la crise de la biodiversité, si des biologistes du XIXe siècle, comme Lamarck ou Wallace mentionnaient déjà l'impact de l'activité humaine sur les extinctions d'espèces, l'extinction massive actuelle fut théorisée après la Seconde Guerre mondiale. Le mot « écologie » en lui-même n'existait d'ailleurs pas encore, puisqu'il ne fut inventé qu'en 1866 par le biologiste allemand Ernst Haeckel. Pourtant, Walden était bel et bien un roman écologiste.

Science et spiritualité ne doivent pas être opposées. La pensée écologique est très présente au sein des religions et les croyants sont des alliés souvent mésestimés.

Prenons l'exemple des religions les plus populaires.

L'un des principes fondamentaux du bouddhisme est le pratītyasamutpāda (l'origine interdépendante de toutes choses). Des penseurs contemporains, comme Daisaku

Ikeda[15], Joanna Macy[16] ou Thich Nhat Hanh[17], l'ont adapté à la question écologique. L'être humain n'est pas au-dessus de la nature, mais un élément comme les autres au sein d'un réseau fragile où tout déséquilibre engendre de la souffrance (duhkha). Or, le bouddhiste cherche à transcender la souffrance, ce qui implique d'éviter celle qui peut l'être.

L'hindouisme porte également l'idée d'une harmonie entre l'être humain et le reste du vivant. La nature y est perçue comme une manifestation du divin (Brahman), et de nombreux éléments naturels – fleuves, montagnes, arbres – sont considérés comme sacrés, incarnant des divinités : Ganga pour le Gange, Agni pour le feu, Vayu pour le vent. Il n'est donc pas surprenant que des penseurs, tels Rabindranath Tagore[18], Satish Kumar[19], Vandana Shiva[20]

15 Philosophe bouddhiste, Daisaku Ikeda (*Ningen Kakumei*, 1964-1995) a été l'un des fondateurs du mouvement religieux Soka Gakkai. Il fut un défenseur de la paix, de l'égalité entre les sexes et de l'écologie.

16 Joanna Macy (*World as lover, World as self*, 1991) a relié le bouddhisme et l'écologie profonde. Elle a développé le concept de « travail qui relie ».

17 Le concept d'« inter-être » du maître bouddhiste vietnamien Thich Nhat Hanh (*The heart of understanding*, 1997, *Love letter to the earth*, 2012) est une reformulation du pratītyasamutpāda, qu'il applique notamment à l'écologie.

18 Rabindranath Tagore (*The Religion of Man*, 1931), poète, peintre et philosophe indien, est l'une des figures majeures de la Renaissance bengalaise du XIXe et du début du XXe siècles. Il fut également le premier non-Européen à remporter un prix Nobel, celui de littérature en 1913. Il prônait l'harmonie entre l'homme et la nature et dénonçait l'industrialisation déshumanisante.

19 Ancien moine jaïn devenu militant écologiste, Satish Kumar (*Soil, Soul, Society*, 2013) défend la « simplicité volontaire », qui est un mode de vie basé sur la sobriété, l'autonomie et l'harmonie avec la nature. Cofondateur du Schumacher College, il promeut une approche holistique de l'environnement.

20 Vandana Shiva (*Earth Democracy*, 2005) est une célèbre militante écoféministe qui puise dans les concepts hindous la légitimité de ses luttes pour la biodiversité et une alimentation saine.

ou Sadhguru[21] aient relié les principes hindouistes aux préoccupations écologiques.

Ce souci écologique se retrouve dans les religions monothéistes.

Dans l'islam, le Coran fait de l'être humain un khalifa (gardien de la Terre), responsable du maintien de l'équilibre (mîzân) du monde. Il condamne le gaspillage[22] (isrâf) et la corruption de la nature (fasaad fi al-ard). Cette conscience écologique a traversé l'histoire de la pensée musulmane, portée par des figures comme Al-Jahiz[23], Ibn Khaldoun[24], Seyyed Hossein Nasr[25] ou Fazlun Khalid[26].

La Bible a parfois été accusée de justifier la domination de l'homme sur la nature, notamment à cause d'un passage

21 Gourou mystique indien, maître yogi et fondateur d'Isha Foundation, Sadhguru (*Inner Engineering: A Yogi's Guide to Joy*, 2016) est à l'origine de plusieurs initiatives qui lient spiritualité et écologie. Il défend notamment la régénération des sols (campagne Save Soil) et la reforestation (campagne Cauvery Calling).

22 « Et ne gaspillez pas, car Allah n'aime pas les gaspilleurs. » (Coran 6:141)

23 Né en 776, Al-Jahiz est l'un des premiers naturalistes de l'Histoire. Son ouvrage le plus connu, *Le livre des animaux*, plaide pour un équilibre des écosystèmes.

24 Bien qu'il ne soit pas écologiste au sens moderne du terme, Ibn Khaldoun, historien et sociologue majeur du XIVe siècle, a étudié les relations entre l'environnement et les sociétés humaines. Dans *Muqaddima* (1377), il a analysé comment le climat, les ressources naturelles et l'agriculture influencent le développement des civilisations. Il a suggéré que la surexploitation des ressources pouvait mener à leur déclin.

25 Théologien iranien ayant émigré aux États-Unis après la Révolution islamique, Seyyed Hossein Nasr (*The Encounter of Man and Nature*, 1968), défend une vision sacrée de la nature dans l'islam. Il critique la modernité, car elle a éloigné l'homme de la nature.

26 Penseur musulman d'origine sri-lankaise, Fazlun Khalid (*Signs on the Earth: Islam, Modernity and the Climate Crisis*, 2019), milite pour une écologie inspirée des principes islamiques, notamment à travers le concept de khilafa (responsabilité humaine).

de la Genèse[27], où l'être humain, créé «à l'image de Dieu», reçoit le mandat de «dominer sur les poissons de la mer, les oiseaux du ciel et tous les animaux qui se meuvent sur la Terre». Cependant, de nombreux exégètes et théologiens chrétiens remettent aujourd'hui en cause cette lecture. Tout d'abord, le terme hébreu «radah», traduit ici par «dominer», peut aussi parfois être traduit par «gérer» ou «gouverner avec justice et modération». Ensuite, ce terme ne doit pas masquer les nombreux autres enseignements écologiques présents dans la Bible : la responsabilité de l'homme sur le jardin d'Éden[28] ; le principe de sabbat pour la terre[29] ; le respect des animaux[30] ; la modération[31] ; etc.

Cette sensibilité écologique a marqué l'histoire catholique, de Saint François d'Assise[32] à des penseurs contemporains

27 « Soyez féconds, multipliez, remplissez la terre et soumettez-la ; dominez sur les poissons de la mer, sur les oiseaux du ciel et sur tout être vivant qui se meut sur la terre. » (Genèse 1:28)

28 « L'Éternel Dieu prit l'homme et le plaça dans le jardin d'Éden pour le cultiver et le garder. » (Genèse 2:15)

29 « Pendant six ans, tu feras ton champ, et pendant six ans, tu tailleras ta vigne, et tu en récolteras le fruit. Mais la septième année, il y aura un sabbat, un repos pour la terre. » (Lévitique 25:1-7)

30 « Le juste prend soin de ses bêtes. » (Proverbes 12:10)

31 « Celui qui aime les plaisirs sera dans la pauvreté ; celui qui aime le vin et l'huile ne sera pas riche. » (Proverbes 21:17)

32 Le récit, probablement légendaire, du loup de Gubbio, écrit par un disciple de Saint François d'Assise, remonte au XIIIe siècle. Un loup féroce terrorisait la ville de Gubbio. Après avoir appris la situation, Saint François d'Assise partit à la rencontre de l'animal. Quand il le trouva enfin, au lieu de s'enfuir ou de se battre, il fit le signe de la croix et s'adressa calmement à lui. Le loup devint docile. Ils négocièrent alors la paix : si les habitants de Gubbio s'engageaient à le nourrir régulièrement, il promettait de ne plus les attaquer ni eux ni leur bétail. Le pacte fut respecté. Le loup se mua un compagnon paisible de la ville jusqu'à sa mort.

comme Thomas Berry[33] ou Elisabeth Johnson[34]. Elle a été réaffirmée au plus haut niveau de l'Église par le pape François[35] dans son encyclique Laudato Si' (2015), où il appelle à une « écologie intégrale », liant protection de la nature et justice sociale. Les traditions orthodoxes et protestantes s'inscrivent aussi dans cette dynamique, avec des figures comme le métropolite John Zizioulas[36] ou l'écrivain paysan Wendell Berry[37].

Dans le judaïsme, le principe de Bal Tash'hit interdit toute destruction inutile. Initialement appliqué dans la Torah

33 Thomas Berry (*The Dream of earth*, 1988), éco-théologien, a promu une vision cosmologique de l'écologie, soulignant l'importance de considérer la Terre comme sacrée. Il a plaidé pour une spiritualité écocentrée, reliant les valeurs chrétiennes à la protection de l'environnement, et appelant à une réconciliation avec la nature.

34 Elizabeth Johnson (*She Who Is : The Mystery of God in Feminist Theological Discourse*, 1992) est une théologienne catholique qui lie spiritualité chrétienne et écologie, mettant en avant la nécessité d'une vision inclusive de la création. Elle plaide pour une approche féministe de l'environnement, soulignant la connexion sacrée entre tous les êtres vivants et la nature.

35 Dans cette encyclique, le pape appelle à relever les défis environnementaux, tels que le changement climatique et la perte de biodiversité. Il développe une « écologie intégrale », qui relie les préoccupations environnementales à la justice sociale et à la dignité humaine. Il dénonce la surconsommation, le modèle économique dominant et la culture du gaspillage, et exhorte gouvernements, entreprises et individus à revoir leurs modes de vie et de production, en plaçant le respect de la Création au cœur des décisions.

36 Le métropolite John Zizioulas (*Being as Communion: Studies in Personhood and the Church*, 1985) est l'un des plus importants théologiens orthodoxes des XXe et XXIe siècles. Il a joué un rôle majeur dans l'élaboration d'une théologie écologique orthodoxe, en insistant sur la responsabilité eucharistique de l'humanité envers la création et sur la nécessité d'une relation respectueuse avec la terre et les autres êtres vivants.

37 Bien qu'il ne soit pas théologien, le romancier et poète prolifique Wendell Berry est un écrivain chrétien dont la réflexion sur l'agroécologie et la responsabilité des croyants envers la nature est profondément enracinée dans sa foi protestante.

aux arbres fruitiers en temps de guerre[38], il a été élargi par la tradition rabbinique au gaspillage en général. D'autres lois, comme la Shmita (année sabbatique de la terre) ou le Tza'ar Ba'alei Chayim (interdiction de la souffrance animale) traduisent également la sensibilité écologique des textes sacrés juifs. Cette dernière se retrouve tant chez des penseurs historiques, comme Moïse Maïmonide[39] et le Maharal de Prague[40], qui ont réfléchi à la responsabilité humaine envers la création divine, que chez des penseurs contemporains, tels Arthur Waskow[41] et David Seidenberg[42], qui, en lien avec les préoccupations actuelles, ont contribué à l'élaboration d'une théologie écologique juive contemporaine.

Pourtant, aujourd'hui, bien souvent, écologie et spiritualité ne se comprennent pas, souvent à cause d'anciennes

38 Deutéronome 20:19-20.

39 Moïse Maïmonide (*Le Guide des Égarés*, fin du XIIe siècle) a souligné que l'homme, doté de raison, devait, du fait de sa responsabilité morale et spirituelle, agir avec mesure et respecter l'ordre voulu par Dieu. Sa pensée a influencé certaines approches contemporaines de l'éthique environnementale juive.

40 Le Maharal de Prague, figure emblématique du judaïsme du XVIe siècle, créateur légendaire du Golem, a développé une pensée centrée sur l'ordre divin, la responsabilité humaine et l'harmonie du monde. Il soulignait la responsabilité humaine dans l'accomplissement de la volonté divine, influençant des théologiens juifs contemporains préoccupés par les questions écologiques.

41 Rabbi Arthur Waskow (*Torah of the Earth: Exploring 4,000 Years of Ecology in Jewish Thought*, 2000) est un rabbin et un activiste juif engagé dans l'écologie et la justice sociale. Il a mis en lumière la dimension écologique des traditions juives et les a réinterprétées à la lumière des enjeux environnementaux et sociaux contemporains.

42 Rabbi David Seidenberg (*Kabbalah and Ecology: God's Image in the World*, 2009) est un théologien et un activiste écologique juif. À travers ses travaux sur la Kabbale, il montre que la protection de l'environnement est intrinsèquement liée aux valeurs éthiques du judaïsme.

interprétations, souvent biaisées, des textes sacrés. Il s'agit d'un malentendu : loin de prôner une appropriation aveugle des ressources naturelles, les religions les plus populaires insistent toutes sur la responsabilité de l'être humain envers le vivant.

Accumuler des graphiques et des rapports du Giec est indispensable, mais insuffisant. Il faut aussi toucher les individus dans ce qui les anime profondément : leur éthique, leur rapport au sacré, leur lien à la nature. Les traditions religieuses ne parlent pas en termes de « facteurs anthropiques d'émissions », mais de responsabilité, d'équilibre et d'un monde dont nous ne sommes que les dépositaires. C'est très complémentaire des discours scientifiques. Si l'on veut que l'écologie devienne un projet de société largement partagé, il ne faut pas qu'elle soit perçue uniquement comme une réponse technique à une urgence décrite par la science.

C'est là que la protection de la biodiversité peut changer la perspective. Elle repose tout autant que le climat sur des données scientifiques rigoureuses, mais elle convoque en plus des symboles puissants : la disparition des espèces, l'effondrement des écosystèmes, la perte irréversible de ce qui nourrit l'imaginaire, les cultures et les spiritualités humaines depuis des millénaires.

Le danger pour l'écologie serait de rester cantonnée à des chiffres, à des graphiques et à des énoncés physiques. Elle peinerait alors à rassembler largement. En revanche, si, sans perdre sa rigueur scientifique, elle parvenait à s'appuyer sur les spiritualités les plus populaires, elle pourrait devenir un véritable mouvement de civilisation.

B – L'éducation à la biodiversité

Il faut sensibiliser les enfants dès leur plus jeune âge à la biodiversité. C'est indispensable si nous voulons passer d'un monde anthropocentrique à un monde plus respectueux du vivant, avec le moins de heurts et souffrance possible. Aujourd'hui, pourtant, cette éducation est en panne.

Les enseignants font ce qu'ils peuvent avec les moyens qu'on veut bien leur donner : projets scientifiques, tri des déchets, journées pédagogiques pour observer la faune et la flore… En dehors du cadre scolaire, des associations et des familles prennent parfois le relais. Il est bien entendu essentiel de renforcer ces initiatives qui fonctionnent tant bien que mal : augmenter la place de l'écologie dans les programmes scolaires, encourager les parents à transmettre leur savoir, assurer le financement des associations d'éducation à la nature, etc. Pourtant, ces actions, aussi importantes soient-elles, ne suffisent pas. Elles sont l'arbre qui cache la forêt.

Reconnecter les enfants à la biodiversité ne se résume pas à leur enseigner des concepts environnementaux. C'est aussi, avant tout, leur donner la liberté d'explorer la nature par eux-mêmes. Or, cette autonomie a considérablement diminué ces dernières décennies. De nombreuses recherches l'attestent.

En 1990, une célèbre étude[43] avait déjà évalué quantitativement ce phénomène intuitif: en 1971, un enfant de sept ans bénéficiait d'une autonomie équivalente à celle d'un enfant de neuf ans et demi en 1990. Depuis, d'autres recherches sont venues le confirmer, comme, par exemple, ce sondage au Québec en 2018 qui montrait que les enfants de 3 à 12 ans passaient en moyenne 45 % moins de temps à jouer dehors de manière autonome que leurs parents au même âge.

Le cadre dans lequel ils jouent dehors a également changé. Aujourd'hui, on retrouve plutôt les enfants dans des espaces ultra-sécurisés : parcs grillagés, aires de jeux standardisées, où tout risque est minimisée et la nature contrôlée du fait de normes draconiennes[44].

Cette limitation de la liberté infantile n'est pas sans conséquence. Richard Louv[45] décrivait en 2005 le « trouble du déficit de nature », caractérisé par un accroissement du

43 Hillman, M., Adams, J., & Whitelegg, J., 1990, *One False Move: A Study of Children's Independent Mobility,* Policy Studies Institute.

44 Les normes sur les aires de jeu ont été considérablement renforcées par la législation européenne au cours des dernières décennies. Cette évolution trouve ses racines dans la culture de la responsabilité juridique très forte aux États-Unis. Là-bas, les procès pour accident dans les aires de jeux ont conduit à des réglementations encore plus drastiques qu'en Europe. Cette approche s'est diffusée dans de nombreux pays, notamment via la mondialisation des normes de sécurité et le poids des multinationales du secteur.

45 *Last Child in the Woods: Saving Our Children from Nature-Deficit Disorder,* Algonquin Books, 2005.

stress, des troubles de l'attention et une compréhension réduite des enjeux environnementaux.

a. Pourquoi les enfants jouent-ils moins librement dehors aujourd'hui ?

Les recherches[46] de Jean-Louis Le Run nous apportent des éléments de réponse. Mais tout d'abord, nuançons. Ce que l'on vient de décrire n'est pas forcément synonyme de diminution de l'activité physique des enfants, même s'il peut l'être. Les associations sportives n'ont jamais compté autant de jeunes licenciés. Ce qui a reculé, c'est bien l'exploration libre du milieu extérieur.

La première raison à cette régression est intuitive : les parents sont inquiets. L'espace public est perçu, à tort ou à raison, comme plus dangereux qu'avant, que ce soit d'ailleurs dû à l'augmentation de la place de la voiture ou aux crimes sur mineurs, certes davantage médiatisés, mais néanmoins bel et bien existants.

Cependant, la peur n'explique pas tout. La parentalité aussi a changé. Dans les pays anglo-saxons, on parle de « parents hélicoptères »[47]. En France, on emploie les termes de « papas poules » et de « mamans poules ». L'attention que l'on porte à nos enfants s'est intensifiée, non seulement pour des

46 Le Run, J.-L., 2020, « Nos terrains de jeu, d'hier à aujourd'hui », *Enfances & Psy*, 85(1), 35-44.

47 Terme né suite à l'essai du psychologue israélien Haim Ginott : *Entre parents et adolescents*, Robert Laffont, 1969.

raisons de sécurité, mais aussi sous l'effet de la pression sociale. Un parent doit tout faire pour que ses enfants réussissent. C'est ce modèle actuel, qui le pousse à multiplier les activités organisées au détriment du temps de jeu libre. On « remplit l'agenda ». Cette prolifération, qui n'est pas forcément dans l'intérêt du développement de l'enfant, a d'ailleurs un coût non négligeable qui pénalise particulièrement les familles les plus modestes.

b. Comment rétablir l'autonomie des enfants et leur permettre de jouer davantage dehors ?

Transformons d'abord l'espace urbain. C'est l'urgence. Il faut ralentir les villes, donner plus de place aux piétons au détriment des divers véhicules. Il faut conserver des zones non construites, comme les friches, multiplier les espaces verts et peut-être revoir nos normes si draconiennes. Il faut également ne pas hésiter à prendre des mesures fortes pour restaurer la sécurité, ou du moins le sentiment de sécurité. La lutte contre la criminalité et la délinquance doit devenir un sujet majeur pour les écologistes. Un environnement apaisé, où les parents ont confiance, c'est un environnement où les enfants pourront retrouver une partie de leur liberté perdue.

Cette question de liberté dans l'espace urbain est aussi une question d'inégalités sociales. Les enfants des familles plus aisées partent davantage en vacances à la mer, à la montagne ou à la campagne, ce qui leur donne plus d'occasions d'expérimenter la biodiversité. Permettre à toutes et à tous de quitter les villes devrait donc également être une priorité.

Mentionnons aussi, pour l'anecdote, une solution surprenante. Un simple recul d'une heure des horloges permettrait aux enfants de profiter plus longtemps des espaces extérieurs en fin de journée[48]. C'est une critique plutôt inattendue de l'heure d'hiver.

Un facteur clé manque bien entendu encore à cette analyse : le rôle du numérique. C'est ce que nous allons étudier dans le prochain chapitre.

C – Le numérique, un faux allié au coût social exorbitant

Les enfants passent plus de temps qu'avant devant les écrans. De nombreuses études[49] le montrent. Certaines relient même cette durée au stress parental[50]. Ce phénomène suscite (beaucoup) d'inquiétudes et (quelques) espoirs.

Commençons par les (minces) espoirs. Le numérique peut aussi contribuer à l'éducation à la nature. Des plateformes, comme iNaturalist, permettent de répertorier la biodiversité locale. Les éditeurs de Minecraft, l'un des jeux phares des adolescents, ont créé un jeu affilié Minecraft Education, dans lequel il est possible de reproduire des écosystèmes virtuels. Bien encadrées, ces approches peuvent être

48 Hillman, M., Adams, J., & Whitelegg, J., précité.

49 Par exemple : Bernard, J. Y. et al., 2023, « Temps d'écran de 2 à 5 ans et demi chez les enfants de la cohorte nationale Elfe », *Bulletin épidémiologique hebdomadaire*.

50 König, J. et al., 2023, "Parental stress and screen time in infants and toddlers: A population-based study", *Computers in Human Behavior*, 146, 107810.

efficaces en milieu urbain où l'accès à la nature est devenu limité. Une étude[51] a ainsi montré que les outils numériques amélioraient la compréhension des enjeux écologistes par les jeunes citadins. Toutefois, ces avantages ne pèsent pas lourd face aux inconvénients.

Les effets néfastes des écrans sont bien documentés. Il a notamment été démontré que, toutes choses égales par ailleurs, le numérique nuit aux performances scolaires[52], favorise la sédentarité et les troubles de l'attention[53], perturbe le développement neurologique[54] ; altère la santé mentale des mineurs[55] et les expose massivement à des contenus inappropriés, voire dangereux[56].

La situation est encore plus préoccupante pour les enfants issus des milieux dits populaires, pour lesquels, du fait des contraintes économiques et sociales, le numérique se

51 Arslan, K., & Karakuş, N., 2024, "Environmental teaching supported by Web 2.0-based digital games for a sustainable life", *Sustainability*, 16(22), Article 9691.

52 Karpinski, A. C. et al, 2013, "An exploration of social networking site use, multitasking, and academic performance among United States and European university students", *Computers in Human Behavior*, 29(3), 1182-1192.

53 Chassiakos, Y. L., et al., 2016 "Children and adolescents and digital media", *Pediatrics*, 138(5), e20162593.

54 *Avis relatif aux effets de l'exposition des enfants et des jeunes aux écrans*, Haut conseil de la santé publique, 2019.

55 Boniel-Nissim, Meyran, Marino, Claudia, Galeotti, Tommaso, Blinka, Lukas, Ozoliņa, Kristīne. et al., 2024, "A focus on adolescent social media use and gaming in Europe, central Asia and Canada: Health Behaviour in School-aged Children international report from the 2021/2022 survey", *World Health Organization. Regional Office for Europe*.

56 *Enfants et écrans : À la recherche du temps perdu* [Rapport], Présidence de la République – Commission « Enfants et Médias », 2024.

substitue souvent à des infrastructures éducatives et récréatives manquantes. Si les écrans sont souvent omniprésents dans ces foyers, ce n'est pas un choix, mais une réponse aux difficultés du quotidien. Les mères isolées, par exemple, qui travaillent tard le soir ou la nuit, n'ont souvent pas d'autres solutions que de laisser leurs enfants devant les écrans pour des usages principalement passifs (jeux vidéo, réseaux sociaux). Le numérique est une bombe sociale. Une étude[57] l'a bien démontré : les enfants issus des milieux favorisés bénéficient de produits numériques de meilleure qualité et d'un accompagnement plus structuré, ce qui leur permet d'en faire un usage plus éducatif, plus actif et moins passif, creusant de fait les inégalités.

Limiter la place du numérique n'est donc pas une simple préférence pédagogique. C'est un choix de société, et donc un choix politique. Et qui dit choix politique, dit mesures.

La priorité est de redonner aux jeunes une éducation à la nature ancrée dans le réel. Le numérique ne peut être qu'un outil complémentaire, strictement encadré. La première mesure essentielle serait donc d'en finir avec la distribution massive de tablettes aux élèves. Loin de réduire la fracture numérique, cette politique « à la mode » accentue la dépendance aux écrans, aggrave les inégalités sociales et détourne des ressources qui pourraient être, plus efficacement, consacrées aux véritables priorités éducatives. Il faut

57 Eynon, R., & Malmberg, L. E., 2021, "Lifelong learning and the internet: Who benefits most from learning in informal and nonformal settings?", *British Journal of Educational Technology*, 52(1), 182-198.

aussi interdire l'usage des smartphones en milieu scolaire. Sauf impérieuse nécessité. Ces appareils, principalement utilisés à des fins récréatives et qui déconcentrent les élèves, n'ont pas leur place dans les écoles de la république.

Plutôt que d'équiper individuellement chaque élève, il serait également plus pertinent de renforcer les espaces numériques collectifs déjà présents dans les écoles, bibliothèques et lieux publics et d'en créer de nouveau. Et de les doter d'équipements de bonne qualité et d'un encadrement formé.

L'omniprésence des écrans n'est pas une fatalité. Il suffit de regarder chez nos voisins plus ou moins lointains. Au Royaume-Uni et dans les pays nordiques, les Forest Schools privilégient l'exploration des forêts à l'usage des tablettes. Les enfants y développent leurs capacités d'observation, de résolution de problèmes et de coopération, tout en échappant aux risques de l'hyperconnectivité et de l'isolement social. En Finlande, pays reconnu pour l'excellence de son système éducatif[58], l'usage des écrans est strictement limité dans les premières années scolaires. L'initiative mondiale Outdoor Classroom Day prouve qu'une alternative à grande échelle est possible. Des millions d'élèves participent chaque année à des cours en plein air. Quand la possibilité leur est offerte, les familles répondent présent.

58 Depuis le lancement du Programme international pour le suivi des acquis des élèves (PISA) en 2000, les élèves finlandais de 15 ans ont régulièrement obtenu des résultats remarquables.

Comment voyons-nous l'école ? Toute la question est là. Souhaitons-nous une dépendance aveugle à la technologie ou une éducation qui émancipe et responsabilise ?

Ces transformations, associées aux initiatives en faveur de l'éducation à la nature, nécessitent un financement ambitieux. Il serait logique qu'il provienne, dans un premier temps, d'une taxe sur les profits colossaux des géants du numérique, qui prospèrent en entretenant notre dépendance aux écrans. En 2019, la France a été l'un des premiers pays à créer une taxe Gafa. Elle porte sur 3 % du chiffre d'affaires réalisé en France sur certaines activités numériques, comme la publicité ciblée ou la vente de données. Elle a pour l'instant été maintenue malgré les pressions des États-Unis. Elle rapporte chaque année un peu moins d'un milliard d'euros. C'est un premier pas qu'il faut saluer et une somme conséquente. Si elle était consacrée à la mise en place d'une véritable éducation à la nature, les choses iraient dans le bon sens. Tout est une question de choix politique.

D – Créer de nouveaux imaginaires pour dépasser l'anthropocentrisme : une révolution artistique et littéraire

L'art et la littérature ne sont pas de simples témoins de leur époque : ils en sont les éclaireurs. On ne parle pas d'avant-garde sans raison. Le monde de demain se lit dans ce qui germe aujourd'hui au sein des écoles d'art et des facultés de lettres.

Pour dépasser la vision anthropocentrique qui domine encore nos sociétés, il est essentiel de promouvoir de nouveaux imaginaires écologiques. Dénoncer les dérives de nos sociétés ne suffit plus : il faut montrer des alternatives ; en mobilisant la raison, mais aussi l'émotion ; inventer des récits où l'humain cohabite autrement avec le vivant.

En réalité, ces visions alternatives existent déjà. Et les œuvres qui les portent ont parfois rencontré un large public. Nous avons déjà mentionné Henry David Thoreau et son grand roman *Walden*. Il en existe d'autres. Ernest Callenbach, dans *Écotopia*, imagine une société fondée sur la simplicité volontaire et l'harmonie avec la nature. Jean Giono, dans *Colline*, confère à la nature une force quasi animée, indifférente aux volontés humaines. Francis Ponge, avec *Le Parti pris des choses*, redonne aux objets du quotidien une existence propre, affranchie de leur seule utilité humaine.

Certains auteurs vont encore plus loin en donnant une voix aux non-humains. Ursula K. Le Guin, dans *Les auteurs de la graine d'acacia*, laisse les plantes et les insectes raconter leur propre histoire. Tristan Garcia, dans *Mémoires de la jungle*, adopte le regard d'un chimpanzé. *Demain, les chiens*, de Clifford D. Simak, imagine un futur où les chiens développent une société post-humaine fondée sur la coopération et le respect du vivant.

Les arts visuels ne sont pas en reste. Le mouvement Solarpunk, très porté sur la technologie, présente des futurs où l'humanité cohabite harmonieusement avec le vivant. Pour son œuvre *7000 chênes*, Joseph Beuys a planté 7000 chênes dans le village de Kassel[59], au centre de l'Allemagne, afin de transformer la perception du monde de ses habitants. Hayao Miyazaki[60], à travers ses films, développe un imaginaire où la nature est une force sacrée. En peinture, Tomás Sánchez représente d'immenses paysages de jungle, apaisés, où de petites figures humaines méditent.

L'enjeu est double : il faut rendre plus visible cet existant et favoriser l'émergence de nouvelles œuvres qui remettent en cause l'anthropocentrisme.

La diffusion de l'existant est, en théorie, le plus simple. Musées, bibliothèques et médias publics doivent assumer leur responsabilité en mettant en avant ces récits auprès des publics les plus éloignés de l'art contemporain ou de la littérature engagée. Expositions, débats, programmations dédiées, prix littéraire et artistique peuvent servir à élargir leur audience.

L'enseignement supérieur a un rôle clé qu'il assume déjà. L'urgence écologique est en effet bien souvent un thème central tant dans les écoles d'art que dans les écoles de lettres, formant ainsi des créateurs capables de repenser notre modèle anthropocentrique.

59 Le projet s'est étendu de 1982 à 1987, soit un an après la mort de Beuys en 1986. Kassel compte 200000 habitants.

60 Auteur japonais de dessins animés, mondialement connu pour *Mon voisin Totoro*, *Le voyage de Chihiro* ou *Nausicaä de la Vallée du Vent*.

Concourir à faire émerger de nouvelles œuvres paraît plus difficile. La création artistique ne se décrète pas : elle naît d'une nécessité nourrie par son époque. L'artiste ou l'écrivain ne répond pas à une commande, il exprime son urgence intérieure. La puissance publique a quand même un rôle à jouer. Elle peut créer un contexte favorable à l'inspiration. Les résidences d'artistes dans des lieux à identité écologique forte sont de bons exemples, que ce soit sur des lieux détruits[61], en danger[62] ou monumentaux[63].

Ces initiatives exigent de la volonté politique. Soutenir les artistes, transformer les institutions, intégrer pleinement l'écologie aux priorités culturelles : telles sont les conditions pour que ces œuvres émergent, soient diffusées et contribuent à repenser notre relation au vivant. L'art et la littérature seront des moteurs de la révolution écologique.

E – Réinventer le langage et le droit au service de la biodiversité

Comme l'art et la littérature, le langage et le droit façonnent une société. Ils ne reflètent pas uniquement les idéologies dominantes : ils les construisent.

61 En Australie, une résidence et galerie d'art a été créée dans l'ancienne ville minière de Broken Hill.

62 En Espagne, la résidence Joya : AiR a été installée en plein cœur d'une zone aride de la province d'Almería.

63 Comme la résidence d'artistes du Svalbard sur le cercle polaire ou Fogo Island Arts installé sur l'île sauvage de Fogo au large du Canada.

Ferdinand de Saussure[64] a été le premier à montrer que les langues ne se limitaient pas à transmettre des informations : elles structurent notre compréhension du monde. Jacques Derrida[65] a approfondi cette idée. Il a déconstruit les oppositions binaires telles que « humain/non-humain » ou « culture/nature » qui, loin d'être neutres, perpétuent les rapports de pouvoir. Judith Butler[66] a appliqué la même approche à « homme/femme » et a prouvé que cette dichotomie structure la société bien au-delà des questions de genre.

Cette théorie a des applications concrètes. Vandana Shiva[67], une physicienne, philosophe et militante écologiste précédemment citée, a souligné que les langues des peuples autochtones proposaient une vision du monde radicalement différente de la nôtre. Dans les traditions indiennes, par exemple, les termes Prithvi (la Terre nourricière) et Jal (l'eau, source sacrée de la vie) expriment respect et gratitude envers le vivant, loin de la vision extractiviste véhiculée par l'expression « ressources naturelles ». Selon elle, réintroduire des termes et des concepts issus de visions du monde plus écologiques dans les discours contemporains pourrait profondément transformer notre rapport au vivant.

64 *Cours de linguistique générale*, 1916.

65 *De la grammatologie*, Les Éditions de Minuit, 1967.

66 *Gender trouble – Feminism and the Subversion of Identity*, Routledge, 1990.

67 *Staying Alive: Women, Ecology, and Development*, Kali for Women, 1988.

Pour construire une nouvelle conscience collective, il faut qu'un nouveau langage imprègne les manuels scolaires, les médias, la culture populaire et, plus généralement, la vie de tous les jours. Chacune peut y contribuer.

Si la langue façonne la pensée, le droit structure activement les relations sociales. Michel Foucault[68] l'analyse comme un outil de pouvoir, producteur de normes qui organisent la société et influencent les comportements. Le mouvement du droit critique[69] a poussé plus loin cette logique : le droit ne se contente pas d'entériner les rapports de domination, il les construit en instituant des catégories et des hiérarchies qui finissent par paraître couler de source. C'est pour cette raison que le combat autour des droits de la nature est si important. Il ne s'agit pas seulement d'une application pratique, mais bien de transformer et redéfinir notre vision du vivant à travers de nouvelles normes juridiques. Si nous accordions au reste du vivant les mêmes droits qu'aux humains, nous nous considérerions de moins en moins comme supérieurs et de plus en plus comme des membres parmi d'autres des écosystèmes.

En 1972, Christopher Stone[70], a proposé d'accorder le droit de plaider aux arbres. Il a posé une question légitime : si les entreprises sont des personnes morales avec des droits,

68 *Surveiller et punir, Gallimard,* 1975.

69 Roberto Mangabeira Unger, Duncan Kennedy, Morton Horwitz, Catharine MacKinnon, etc.

70 Stone C. D., 1972, "Should Trees Have Standing? – Towards Legal Rights for Natural Objects", *Southern California Law review,* 45: 450-501.

pourquoi les forêts, les rivières ou les montagnes ne bénéficient-elles pas d'un statut similaire ?

L'Équateur fut le premier pays à introduire les droits de la nature dans sa constitution en 2008, poussé par sa forte communauté autochtone. Les articles 10[71] et 71 à 73[72] consacrent ainsi les droits inaliénables des écosystèmes à exister et à prospérer. Si l'application de ces dispositions reste complexe, leur impact symbolique et sur les consciences est considérable.

Reconnaître l'écocide[73] rendrait le droit international moins anthropocentrique. Ce serait un progrès majeur. Le concept est apparu dans les années 1970 en réaction aux ravages de l'agent Orange durant la guerre du Vietnam. Le Premier ministre suédois Olof Palme a été le premier responsable politique à employer publiquement le terme lors de la Conférence de Stockholm en 1972. L'année suivante, le juriste Richard Falk a proposé d'instituer

71 Article 10 : « La Nature est sujet de droit, pour les droits qui lui sont reconnus par la Constitution. »

72 Article 71 : « La Nature ou Pacha Mama, où se reproduit et se réalise la vie, a le droit à ce que l'on respecte intégralement son existence et le maintien et régénération de ses cycles vitaux, sa structure, ses fonctions et ses processus évolutifs ». Article 72 : « La nature a droit à la restauration. Cette restauration sera indépendante de l'obligation faite à toute personne d'indemniser les individus et les collectifs qui dépendent des systèmes affectés. ». Article 73 cite les obligations de l'État qui « devra prendre toute mesure de précaution et d'interdiction à l'égard des activités pouvant conduire à l'extinction d'espèces, à la destruction d'écosystèmes ou à l'altération permanente des cycles naturels. L'introduction d'organismes vivants ou inertes pouvant affecter de manière définitive le patrimoine génétique national est interdite ».

73 L'écocide désigne la destruction massive et intentionnelle des écosystèmes, menaçant la biodiversité et les conditions de vie des populations humaines.

ce concept comme un crime international, dans son article « Environmental Warfare and Ecocide ».

L'article 8 du Statut de Rome, créant la Cour pénale internationale, mentionne la destruction intentionnelle de l'environnement dans les crimes de guerre. Mais hors des conflits armés, aucun cadre juridique international ne protège les écosystèmes. Face à l'inaction internationale, Polly Higgins[74] a ravivé, en 2010, ce concept d'écocide. Elle dénonçait les conséquences dramatiques de ce vide juridique. Les responsables des marées noires, déforestations massives ou autres pollutions industrielles bénéficiaient d'une insupportable impunité alors que leurs crimes condamnaient des populations entières à l'exil ou à la famine. Depuis, la mobilisation n'a pas faibli. Cette pression a conduit l'Union européenne a adopté, en avril 2024, la directive 2024/1203, obligeant les États membres à établir une infraction comparable à l'écocide, bien que de portée plus limitée.

Introduire droits de la nature et crime d'écocide dans davantage de systèmes juridiques transformerait les relations entre les États, les entreprises et les écosystèmes. Ces réformes ambitieuses contribueraient à remplacer la vision anthropocentrique du monde par celle d'une humanité partenaire d'un monde interconnecté.

74 *Eradicating Ecocide – Laws and Governance to Prevent the Destruction of Our Planet*, Shepheard-Walwyn, 2010.

F – Le combat pour la biodiversité : une manière de lutter contre toutes les oppressions

Dans une vision anthropocentrique du monde, l'être humain se place lui-même au sommet de la hiérarchie et considère le reste du vivant comme un simple outil à son service. On retrouve ce rapport de pouvoir dans beaucoup d'autres systèmes de domination : la prétendue supériorité d'un pays, d'une couleur de peau, d'une orientation sexuelle, d'un genre, d'une classe sociale, etc. Il a longuement été étudié.

Le philosophe Achille Mbembe[75] a, par exemple, analysé comment les puissances occidentales ont bâti leur modernité sur une logique de prédation, exploitant aussi bien des populations entières que des écosystèmes. Au sein des plantations coloniales, les esclaves étaient réduits à leur force de travail et les sols étaient surexploités, n'étant l'un comme l'autre que de simples ressources. Ce modèle est loin d'appartenir au passé. Aujourd'hui encore, en Afrique, des multinationales rasent des pans entiers de forêts tropicales et accaparent des terres agricoles pour alimenter les marchés internationaux. Ces pratiques, héritées de la logique extractiviste coloniale, forcent les populations locales à migrer ou à vivre dans la précarité. La modernité occidentale a, dans les faits, érigé l'exploitation du vivant, humains compris, en principe de développement.

75 *Brutalisme*, La Découverte, 2020.

Nous avons vu que la révolution scientifique, à la suite de la Renaissance, avait ouvert les Temps modernes, transformant la nature en une «machine» à disséquer et à exploiter au seul bénéfice de l'être humain. Pour l'écoféministe Carolyn Merchant[76], cette vision mécaniste du monde a accentué la marginalisation des femmes, car elles étaient souvent associées symboliquement au vivant non humain. Aux XVIIe et XVIIIe siècles, avec l'essor de l'agriculture industrielle, les savoirs écologiques qu'elles détenaient, notamment en matière de gestion des sols et des plantes, ont ainsi été éclipsés au profit d'une approche productiviste et uniformisatrice. Le mouvement qui a réduit les écosystèmes à leur seule valeur économique a donc également progressivement cantonné les femmes à des rôles domestiques.

Catriona Mortimer-Sandilands et Bruce Erickson[77], critiquent la façon dont le vivant est souvent représenté, dans l'art ou les médias, selon des normes humaines rigides, plutôt que dans toute sa diversité. Or, cette vision simplifiée légitime l'exploitation du vivant. Il est en effet plus facile de se sentir supérieur à un ensemble de créatures aux caractéristiques proches des nôtres, que nous jugeons donc juste «moins développées» qu'à un ensemble de créatures aux caractéristiques multiples et très différentes de nos normes. Et le sentiment de supériorité est à la base de toute exploitation. La sexualité et le genre en sont un bon exemple. Les documentaires animaliers montrent surtout des couples

76 *The Death of Nature: Women, Ecology, and the Scientific Revolution*, Harper & Row, 1980.

77 *Queer Ecologies: Sex, Nature, Politics, Desire*, Indiana University Press, 2010.

mâle-femelle et insistent sur la reproduction, alors que de nombreuses espèces ont des comportements homosexuels, comme les girafes[78], ou changent de sexe, comme les poissons-clowns qui sont mâles ou femelles en fonction des besoins du groupe. Le dessin animé Le Monde de Nemo l'illustre bien : dans la réalité, après la mort de sa mère, Nemo aurait dû devenir une femelle[79], mais ce phénomène a été effacé pour coller aux normes humaines. En présentant le vivant comme un système fixe, prévisible et proche de nos normes, on justifie son contrôle et son usage à des fins humaines. La nature est en réalité bien plus complexe : elle repose sur des interactions multiples et mouvantes, dont nous commençons seulement à mesurer la richesse.

Comprendre ces mécanismes conduit à une conclusion politique simple : lutter contre une oppression, c'est lutter contre toutes. Chaque combat, qu'il porte sur l'injustice sociale, l'égalité des genres ou la préservation de la biodiversité, vise une manifestation spécifique d'un même système de domination. Ce système repose sur des distinctions artificielles, entre humains et non-humains, hommes et femmes, dominants et dominés, qui légitiment l'exploitation sous toutes ses formes. En ce sens, défendre la biodiversité, c'est aussi remettre en question les fondements idéologiques qui structurent d'autres oppressions.

78 Chez les girafes mâles, environ 90 % des interactions sexuelles observées se produisent avec d'autres mâles.

79 Plus précisément, c'est son père, Marlin, qui aurait dû devenir une femelle. En grandissant, et en l'absence d'autres événements, Nemo aurait pris la place du reproducteur dominant et se serait donc reproduit avec son père.

Cette approche est particulièrement pertinente face à la montée des discours conservateurs et réactionnaires, qui reposent souvent sur une vision essentialiste et hiérarchique du monde. Des citoyens et citoyennes séduits par ces discours peuvent également se montrer sensibles à la sauvegarde des espèces. L'extinction de masse, en tant que problème universel et concret, offre l'opportunité d'engager le dialogue avec ces publics. Expliquer, dans un second temps, que la défense de la biodiversité est indissociable des questions de justice sociale pourrait définitivement ouvrir des ponts et contrer les narratifs exclusifs.

5. *Que faire quand la pensée écologique aura supplanté la pensée anthropocentrique ?* Premières mesures

Une révolution ne porte ses fruits que si une feuille de route est établie au préalable, au moins pour les premières mesures dans les grands secteurs. Autrement, il est fort à parier qu'elle ne soit qu'un feu de paille.

A – Un nouvel ordre économique écologique

a. Le système économique actuel détruit la planète : explication

Chaque année, environ 7 000 milliards de dollars[1] financent des activités nuisibles à l'environnement. Cela représente 7 % du PIB mondial, l'équivalent des dépenses mondiales

1 Programme des Nations Unies pour l'environnement, 2023.

de santé[2] ou cinquante fois les investissements dans la protection de la biodiversité[3]. Ces flux d'argent facilitent l'expansion de modèles économiques destructeurs (énergies fossiles, agriculture intensive, déforestation…) et ont donc, par effet de levier, des répercussions bien supérieures à leur seul montant apparent. Ils entravent également l'émergence d'alternatives, qui peinent à rivaliser face à des industries polluantes massivement soutenues, tant par le public que par le privé.

Cette inefficacité économique s'explique parfaitement. Dès 1920, l'économiste Arthur Pigou[4] a démontré que de nombreuses activités généraient des externalités, c'est-à-dire des effets positifs ou négatifs qui échappaient au marché. Parmi les externalités positives les plus connues figurent l'éducation, la diffusion des connaissances, les infrastructures de transport ou encore la stabilité des institutions politiques. À l'inverse, les externalités négatives incluent les ravages de l'alcool, les inondations, une justice défaillante ou encore les pandémies. Ce concept s'applique particulièrement bien aux services rendus par la biodiversité, aujourd'hui appelés services écosystémiques : certains, telle la pollinisation des cultures par les insectes, sont bénéfiques ; d'autres, telle la transmission de maladies par certaines espèces, sont nuisibles.

2 OMS, 2023. L'être humain dépense donc autant pour polluer que pour se soigner.

3 Banque mondiale, 2023.

4 *The economics of Welfare,* 1920.

Comme notre système économique ignore en grande partie ces externalités environnementales, il est logique qu'il reste aveugle face aux dangers existentiels posés par les crises écologiques.

b. Le déclin de la biodiversité est l'une des plus grandes injustices sociales

L'extinction de masse des espèces est une catastrophe sociale, en France comme ailleurs. Quand les stocks de poissons s'effondrent, ce sont d'abord les petits pêcheurs d'Afrique de l'Ouest, d'Asie du Sud-Est, ou de Bretagne, qui perdent tout, pendant que les flottes industrielles continuent à vider les océans. Quand les sols fertiles s'épuisent, les paysans d'Afrique subsaharienne sont contraints à migrer ou à s'endetter sur plusieurs générations pour acheter à prix d'or des intrants chimiques qui finiront d'anéantir leur santé et leur indépendance économique. Et quand une pandémie comme le Covid-19 ravage la planète, qui paie le prix fort ? Toujours les plus précaires[5]. Cette injustice ne s'arrête pas à nos frontières : en France aussi, les derniers déciles de revenu sont les premiers touchés par la crise écologique.

Les populations des quartiers dits populaires sont les victimes directes des dégradations environnementales.

5 Brandily P, Brébion C, Briole S, Khoury L., 2020, "A Poorly Understood Disease? The Unequal Distribution of Excess Mortality Due to Covid-19 Across French Municipalities", ffhalshs-02895908v1f.

Ils subissent plus que la moyenne[6] les pollutions de l'eau, de l'air ou de la terre. L'accès à des produits alimentaires sains et abordables leur est limité par des barrières économiques ou géographiques, et non par un manque d'intérêt, comme on l'entend parfois[7]. Quant aux catastrophes naturelles, à commencer par les canicules[8], elles les frappent plus durement. Résultat : des cancers, des troubles respiratoires[9], une santé dégradée[10] et une espérance de vie réduite. Les inégalités écologiques et sociales sont les deux faces d'un même système.

L'extinction de masse des espèces est l'un des plus puissants moteurs des inégalités modernes. Un monde écologiquement soutenable ne peut être qu'un monde plus juste. Il faut en avoir conscience lorsqu'on ambitionne de transformer l'économie en profondeur.

6 Catherine Larrère (sous la direction de), *Les inégalités environnementales*, PUF, 2017.

7 L'intérêt pour le bio n'est pas réservé à une élite. En 2016, 11 % des moins diplômés achetaient régulièrement du bio, contre 18 % des plus diplômés (Baudry et al., 2019). En 2018, un cinquième des consommateurs qui se nourrissaient majoritairement de bio gagnaient moins de 1 200 euros par mois (Gauche et al., 2018). Pourtant, alors même que ces populations s'efforcent d'y accéder, le bio devient un produit de luxe tandis que la malbouffe envahit les rayons à bas prix. Notre système économique organise une ségrégation alimentaire, alors que manger sain devrait être un droit.

8 Les quartiers populaires subissent plus durement la montée des températures. La densité du bâti et le manque d'espaces verts y aggravent les îlots de chaleur (Grislain-Letremy et al., 2024). Les logements, souvent mal isolés et mal ventilés, deviennent vite étouffants. Résultat : les canicules entraînent une surmortalité plus élevée parmi les populations aux plus faibles revenus (Hang Du et al., 2024).

9 Bruyère, J., et al., 2017, « Environnement socioéconomique et incidence des cancers en France », *Bulletin épidémiologique hebdomadaire*, Santé publique France.

10 Bayar, Y., et al., 2021, "Impact of Environment, Life Expectancy and Real GDP per Capita on Health Expenditures: Evidence from the EU Member States", *International Journal of Environmental Research and Public Health*, 18(24), 13176.

c. Mettre fin à l'opposition entre développement économique et écologie

Il ne faut pas opposer écologie et développement économique. C'est une musique qu'on entend trop souvent. Comme nous l'avons vu précédemment, l'idéal est de faire décroître ce qui est néfaste et de faire croître ce qui est bénéfique, et non pas de supprimer tout développement. Autrement dit, en termes plus économiques, il s'agit de maximiser les externalités positives et de minimiser les externalités négatives.

Les écologistes, au sens large du terme, sont souvent associés à cette seconde approche : réduire les externalités négatives en taxant, régulant ou interdisant l'activité émettrice. C'est l'écologie punitive. Et bien que cette approche soit parfois mal perçue par le grand public, elle reste indispensable. Il faut la revendiquer. Le laisser-faire atteint rapidement ses limites. L'Histoire l'a montré. Toutefois, punir ne suffit pas. Quand on restreint l'activité économique, on pénalise toujours, en premier, les plus vulnérables. (En plus de devenir impopulaire.) Il faut donc également encourager les externalités positives. En rendant les alternatives écologiques plus rentables, on réduit naturellement l'attractivité d'une partie des activités néfastes. Et on adoucit la transition vers un ordre économique écologique.

C'est la mission de la sphère publique. Par exemple, l'Office National des Forêts (ONF) gère certaines forêts publiques en tenant compte de l'intérêt général et des services écosystémiques qu'elles rendent. Mais la sphère publique ne peut pas tout faire directement. Il existe heureusement aujourd'hui une alternative : les paiements pour services écosystémiques (PSE) qui consistent à rémunérer des acteurs économiques privés pour la gestion durable des écosystèmes.

Prenons l'exemple d'un exploitant forestier privé. Ses revenus proviennent principalement de la vente de bois, de la vente de ses parcelles ou de leur location pour la chasse. Pourtant, sa forêt assure aussi des fonctions essentielles qui ne lui rapportent rien directement : régulation de l'eau ; stockage du carbone ; préservation de la biodiversité. C'est un acteur économique rationnel. Il cherche à maximiser ses profits. Il privilégie donc les activités rémunératrices et délaisse celles qui ne le sont pas. Les PSE corrigent ce biais en l'incitant à poursuivre des objectifs écologiques.

Certains pays ont déjà adopté cette approche. En Allemagne, un programme, lancé en 2020, récompense les exploitants forestiers qui gèrent durablement leurs forêts. S'ils respectent douze critères écologiques, tels que, par exemple, préserver une diversité d'essences, limiter les coupes rases au strict nécessaire ou ne pas enlever tous les arbres morts pour la biodiversité, ils reçoivent une subvention annuelle de cent euros par hectare. Pionnier des PSE, le Costa Rica rémunère, lui, depuis 1997 les propriétaires forestiers qui préservent la biodiversité, les ressources en eau et le stockage du carbone.

Les résultats obtenus sont pour l'instant encourageants, mais limités. Plusieurs études[11] [12] menées au Costa Rica ont montré que, si les PSE avaient bien permis de ralentir la déforestation dans les zones où ils étaient appliqués, ils n'étaient pas assez généralisés pour avoir un réel effet au global.

Il faudrait donc généraliser ces paiements pour services écosystémiques. Cependant, cela pose un défi majeur. Reprenons l'exemple allemand.

Les cent euros par hectare constituent une incitation intéressante, mais les revenus forestiers varient considérablement d'une exploitation à l'autre. Par exemple, l'exploitant d'un taillis de chêne sur un sol sec et rocailleux pourra espérer un rendement annuel de trente à quarante-cinq euros par hectare[13], tandis qu'un exploitant de peupliers sur un sol fertile pourra atteindre jusqu'à mille trois cent cinquante euros toujours annuellement et toujours par hectare[14]. Une prime uniforme risque donc d'avoir des effets limités, car l'incitation est trop variable.

11 Le, T.-A. T., et al., 2024, "Payments for ecosystem services programs: A global review of contributions towards sustainability", *Heliyon*, 10-1 e22361.

12 Ordoñez, J. et al., 2023, "Costa Rica's payments for ecosystem services program: A critical assessment of its effectiveness and equity", *University of Illinois at Urbana-Champaign.*

13 Un propriétaire de taillis de chêne, qui travaille dans des conditions difficiles sur un terrain sec et rocailleux, peut récolter entre 2 et 3 m^3 de bois par hectare chaque année, qui valent environ 15 euros par m^3 sur les marchés.

14 Un exploitant de peupliers, travaillant dans des conditions bien plus favorables, avec des sols fertiles et une gestion optimisée, peut récolter jusqu'à 15 m^3 par hectare chaque année, qui peuvent valoir jusqu'à 90 euros par m^3 sur les marchés.

Pour étendre largement les PSE, il faut donc établir une grille fine tenant compte d'un grand nombre de particularités. Et, en même temps, éviter les effets d'aubaine. Inutile en effet de subventionner un exploitant forestier, qui aurait, pour diverses raisons, de toute manière géré sa forêt de manière écologique. Et plus grand est le champ des PSE, plus grand est le risque d'effets d'aubaine. Mais comment y parvenir sans recréer une bureaucratie lourde et inefficace ? C'est ce que nous examinerons dans la toute dernière partie de cet ouvrage où nous verrons que la révolution écologique est indissociable d'une révolution démocratique.

d. Comment financer la transition écologique ?

Inverser l'extinction de masse va demander de mobiliser des sommes colossales. De quel montant parle-t-on ? De milliers de milliards de dollars chaque année. Un rapport du Programme des Nations unies pour l'environnement l'estimait à 8 100 milliards de dollars d'ici 2050, et ce, sans même compter la protection des océans. Pour l'institut Paulson[15], la lutte contre l'extinction des espèces nécessiterait entre 722 et 967 milliards de dollars par an, soit 3 % des dépenses publiques mondiales actuelles. Et à ces budgets vertigineux, il faut ajouter ceux de la lutte contre le changement climatique. Selon l'Agence internationale de l'énergie, cantonner le réchauffement à 1,5 °C d'ici 2030 exigerait 4 500 milliards de dollars annuels d'investissement dans les énergies propres.

15 Deutz, A., Heal, G. M., Niu, R., Swanson, E., Townshend, T., Li, Z., et al., 2020, "Financing Nature: Closing the Global Biodiversity Financing Gap", *The Paulson Institute, The Nature Conservancy, & Cornell University.*

Alors, qui va payer ?

On entend souvent que le secteur privé doit prendre sa part. C'est vrai, et il le fait déjà dans une certaine mesure. Mais son engagement reste marginal et souvent contraint. Certes, le bénévolat environnemental existe. Les agriculteurs bio, par exemple, entretiennent les écosystèmes sans réelle compensation financière, principalement animés par la volonté de proposer des produits sains. Qu'ils ne soient pas payés pour le faire est d'ailleurs l'un des problèmes majeurs de l'agriculture française (et européenne).

Nous avons vu que 7 000 milliards de dollars étaient injectés annuellement dans des activités nuisibles à l'environnement. Ils devront bien entendu être réorientés. Les outils sont connus : taxes, réglementations, décisions politiques, etc. En parallèle, la finance verte commence à émerger, tout en restant marginale : selon la Banque des règlements internationaux, seuls 5 à 10 % des actifs financiers mondiaux sont « verts »[16], un chiffre à prendre de toute manière avec précaution tant les critères restent flous. Les banques privées sont friandes de « greenwashing ».

Cette manne ne suffira pas. D'une part, sans incitations fortes de type PSE, le secteur privé peine à financer de lui-même efficacement la transition écologique. Les mécanismes de compensation biodiversité en sont un

16 Les obligations vertes (Green bonds) financent des projets écologiques. Des crédits à taux préférentiels sont parfois proposés pour des entreprises et particuliers qui réalisent des projets à impact environnemental positif.

Réconcilier écologie et développement économique

exemple : gestion des forêts et Paiement pour Services Écosystémiques (PSE)

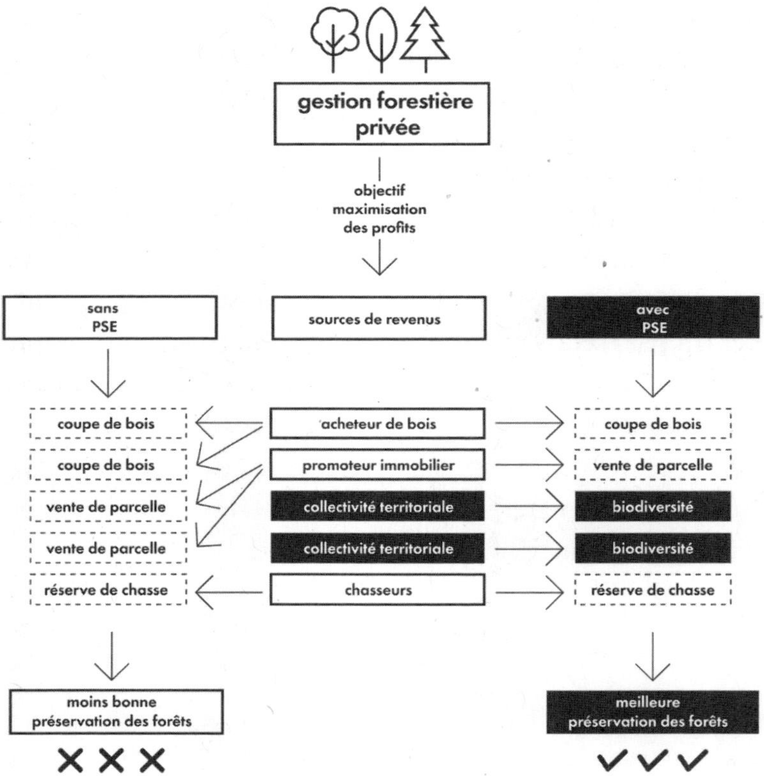

bon exemple : la majorité des projets financés dans ce cadre sont de mauvaise qualité[17]. D'autre part, le secteur privé n'investira jamais massivement dans des projets qui n'offrent aucune perspective de retour sur investissement. Or, de nombreuses actions essentielles à la protection de la biodiversité sont dans ce cas : qui financera la réintroduction ou la protection des grands prédateurs, pourtant cruciaux pour l'équilibre des écosystèmes ?

C'est le rôle du secteur public. Il doit garder la main sur la transition écologique et sociale ; et donc bénéficier d'une latitude financière à la hauteur des enjeux. Cependant, aujourd'hui, ses marges de manœuvre sont limitées. Dans les pays à revenu élevé, les prélèvements obligatoires[18] varient entre 25 % et 45 % du PIB. Dans les pays à revenus faibles ou intermédiaires, s'ils sont souvent inférieurs à 20 %, c'est en raison d'une économie informelle plus importante et d'une moindre intervention de l'État. Or, au-delà d'un certain seuil, augmenter les impôts devient contreproductif. C'est la fameuse courbe de Laffer[19]. Des études[20] le situent entre 50 % et 70 % pour le taux d'imposition

17 Voir le chapitre sur le changement d'usage des sols et des mers.

18 Impôts, taxes et cotisations.

19 Il s'agit du fameux « trop d'impôt tue l'impôt ». Au-delà d'un certain seuil d'imposition, augmenter les prélèvements obligatoires est contreproductif. En effet, des impôts excessifs incitent à l'évasion fiscale et au travail au noir et découragent tant le travail que l'investissement. Résultat : l'activité économique ralentit, les bases taxables diminuent et l'État collecte moins d'argent.

20 Par exemple : Mathias Trabandt, Harald Uhlig, 2011, "The Laffer curve revisited", *Journal of Monetary Economics,* Volume 58, Issue 4, Pages 305-327.

global marginal[21]. La France, par exemple, avec un taux moyen de 45 %, conserve très peu de marge de manœuvre fiscale. Par ailleurs, la dette publique atteint des niveaux historiques : selon le FMI, la dette moyenne des 20 pays les plus riches dépasse 100 % du PIB, un niveau seulement atteint lors des grandes guerres mondiales.

Certes, les plus riches contribuent aujourd'hui proportionnellement beaucoup moins aux dépenses publiques que les plus pauvres. Un rééquilibrage, souhaitable, permettra de retrouver des marges de manœuvre budgétaire. Lutter efficacement contre l'évasion fiscale améliorerait également les comptes publics. Cependant, ces sommes ne seraient pas forcément consacrées à la transition écologique. En effet, un autre défi majeur attend également d'être financé : la crise sociale. Si les inégalités entre pays tendent à diminuer[22], elles explosent à l'intérieur des nations[23]. Les réduire est une évidente priorité politique.

Alors, comment faire ?

Une solution serait que les banques centrales créent de la monnaie pour financer directement la transition écologique, sans passer par les marchés financiers et sans exiger de remboursement. En clair, faire fonctionner la planche

21 Le taux d'imposition global marginal inclut l'ensemble des taxes et impôts et pas uniquement l'impôt sur le revenu.

22 Des millions de personnes ont été sorties de la pauvreté dans les régions à forte croissance comme la Chine ou l'Inde.

23 Par exemple : Thomas Piketty, *Le capital au* XXIe *siècle*, Le Seuil, 2013 ou les rapports de l'OCDE.

à billets, mais de manière ciblée, avec des garde-fous techniques et démocratiques pour éviter tout dérapage. Plusieurs économistes la défendent[24]. Contrairement aux idées reçues, cette option ne nécessite pas forcément de modification des traités européens. En effet, si les traités interdisent à la BCE de financer directement les États, ils n'excluent pas l'utilisation d'autres canaux pour soutenir des projets écologiques. Des institutions non étatiques, comme la Banque européenne d'investissement (BEI), pourraient servir d'intermédiaires. Après la crise des subprimes de 2008, la Banque centrale européenne (BCE) a d'ailleurs injecté massivement des liquidités dans l'économie pour stabiliser le système financier, que ce soit par les taux d'intérêt négatifs ou le « quantitative easing »[25], (allègement quantitatif) c'est-à-dire le rachat d'obligations sur le marché secondaire, et notamment d'obligations d'État. Ce système améliorait les possibilités d'endettement des États, en faisant baisser mécaniquement les taux d'intérêt auxquels ils empruntaient. Ce n'était pas si éloigné d'un financement monétaire direct des États. Certains économistes parlaient même d'un « financement monétaire de fait ». Ce ne serait donc pas la première fois que les traités seraient interprétés pour soutenir une politique monétaire volontariste. Il s'agit moins d'une contrainte juridique que d'une question de volonté politique.

24 Par exemple voir les livres de Jézabel Couppey-Soubeyran.

25 Il s'agit d'une politique d'« assouplissement quantitatif » qui consiste à racheter massivement des obligations (dettes d'État et d'entreprises) pour injecter des liquidités dans l'économie.

Se pose alors, bien évidemment, la question de l'inflation potentiellement créée par cette politique monétaire. Incontrôlée, elle pénaliserait les plus précaires, ce qui est inacceptable. Mais une création monétaire bien encadrée peut l'éviter : démocratisation de la gouvernance des banques centrales ; maintien de leur indépendance ; définition de critères stricts d'attribution des fonds ; suivi transparent de leur utilisation ; limitation au financement de la transition écologique, etc.

Lors de la crise des subprimes, la création massive de monnaie n'était pas conditionnée à des objectifs d'intérêts généraux. Cet argent a donc largement servi à alimenter la spéculation immobilière et financière, creusant les inégalités. La création monétaire ne doit plus être un robinet ouvert pour les marchés financiers, favorisant les bulles spéculatives, mais un levier contrôlé démocratiquement pour transformer nos économies en profondeur.

Et pour les pays à revenu faible ou intermédiaire ?

Leurs besoins sont immenses : la Banque africaine de développement estime qu'il faudrait 300 à 400 milliards de dollars par an pour préserver les écosystèmes africains, et 140 milliards pour que le continent puisse respecter ses engagements climatiques. Or, ces pays, dont la dette publique est mal notée, empruntent à des taux prohibitifs. Et sans transition écologique dans ces régions, il n'y aura pas de transition mondiale[26].

26 Elles abritent en effet des écosystèmes essentiels comme, par exemple, l'Amazonie ou le bassin du Congo.

Un financement international solidaire s'impose. Il n'y a pas d'autres choix. Et ce ne serait que justice. De nombreuses multinationales des pays à haut revenu ont longtemps exploité les ressources de ces pays sans retour équitable, notamment dans l'industrie pharmaceutique. C'est ce que l'on a appelé la biopiraterie. Bien que des mécanismes comme le Protocole de Nagoya[27] aient été instaurés pour tenter d'encadrer ces pratiques, leurs effets sont limités[28]. Cette dette écologique, combinée à la responsabilité historique des pays à revenu élevé dans la crise environnementale, légitime donc un transfert financier massif.

Trois pistes existent : des subventions directes, l'émission de Droits de Tirage Spéciaux (DTS) (une forme de création monétaire gérée par le FMI)[29], et des mécanismes permettant aux pays à revenu élevé de garantir les emprunts des pays à revenu faible et intermédiaire.

Financer la transition écologique est un défi colossal, mais il est loin d'être irréalisable. Les solutions techniques existent. Il manque juste de la volonté politique.

27 Le Protocole de Nagoya, adopté en 2010, oblige les utilisateurs de ressources génétiques à obtenir un consentement préalable des pays d'origine et à garantir un partage équitable des bénéfices découlant de leur utilisation, notamment pour les communautés locales.

28 Les États-Unis n'ont, par exemple, pas signé le protocole de Nagoya.

29 Les DTS sont ce qui ressemble le plus à de la création monétaire hors marché financier au niveau international. Ils viennent augmenter les réserves de change des pays bénéficiaires. Une allocation massive de DTS a été faite en 2021 (650 milliards de dollars) pour aider les pays à faire face aux conséquences économiques de la pandémie de Covid-19. Avec de la volonté politique, ce mécanisme pourrait être utilisé pour financer la transition écologique dans les pays à revenu faible ou intermédiaire.

B – La révolution écologique est par essence une révolution démocratique

Un groupe d'esprits brillants, réunis en un même lieu, pourraient-ils inverser le changement climatique ? Ils planifieraient la production d'énergie, le transport, et bien d'autres aspects de notre société. Des fermes solaires (ou des centrales nucléaires) seraient installées à travers le monde en fonction de leur rendement et de la répartition de la population. Des normes strictes seraient imposées aux bâtiments, sans possibilité d'y déroger. Les individus disposeraient d'un nombre limité de « tickets transport », et ainsi de suite. Cet imaginaire est aujourd'hui présent dans le mouvement écologiste.

Il s'inscrit parfaitement dans la culture française du centralisme. Traditionnellement, notre pays se méfie de l'incompétence supposée, voire de la corruption, des responsables locaux. Il choisit donc d'être géré par une élite issue des grandes écoles et sélectionnée sur leur niveau, à vingt ans, en mathématiques, droit ou économie (ainsi que sur la maîtrise des codes culturels). Appliqué à l'écologie, ce modèle prend le nom de planification écologique étatique.

Il est très difficile de voir pourquoi ce raisonnement est faux. Le changement climatique peut en effet paraître solvable par des mesures uniformes : réduire la place de la voiture et de l'avion, isoler les bâtiments, limiter la consommation de viande, fermer les centrales à charbon… L'objectif est clair : réduire l'émission des gaz à effet de serre, phénomène aux causes uniformes à la surface du globe, bien que dans des proportions variables. Il est donc tentant de croire qu'une gestion centralisée pourrait suffire.

Pourtant, les systèmes issus de cet imaginaire, en pratique, ne fonctionnent pas. Cela devient clair lorsque l'on change de perspective, passant d'une priorité donnée à la lutte contre le changement climatique à une priorité donnée à la lutte contre l'extinction de masse des espèces. En effet, la logique change alors complètement. Maintenir l'équilibre des plaines de toundra, de la Camargue ou des massifs alpins exige des approches spécifiques, fondées sur une connaissance fine de chacun de ces écosystèmes. Il n'existe pas de grandes solutions uniformes. La protection de ces milieux doit donc être pensée et assurée au plus près du terrain et non par une élite centralisée, aussi brillante soit-elle. C'est là que l'héritage historique des mouvements écologistes prend tout son sens, avec le slogan : « Du local au global. »

Mieux encore, un cerveau humain aura toujours du mal à appréhender la complexité des innombrables micro-interactions qui assurent la stabilité d'un écosystème. Ou même plusieurs cerveaux humains. C'est seulement grâce à l'addition de l'ensemble des savoirs locaux que seront résolus les problèmes écologiques. Ou, en d'autres termes, en mettant en place une démocratie incluant réellement l'ensemble de la population et non plus élitiste comme aujourd'hui.

Une fois que l'on a dit cela, il devient évident que le changement climatique non plus ne sera pas résolu par la seule planification écologique d'un État centralisé. L'œuvre resterait de toute manière incomplète puisque, comme on l'a vu, les deux grands combats écologiques, climat et biodiversité, sont intimement liés. Elle pourra, au mieux, le ralentir[30].

a) La réforme territoriale

Personne n'a mieux incarné la vision élitiste et autoritaire de l'écologie que Garrett Hardin. Pour lui, les ressources mondiales devaient être gérées strictement, et il doutait que la démocratie puisse résoudre les crises environnementales. Il défendait une restriction drastique des libertés individuelles et un contrôle de la natalité, écrivant que « la liberté en matière de reproduction nous condamnait tous à la ruine[31] ». Il considérait également que les pays en développement ne devaient pas accéder aux ressources naturelles afin de ne pas aggraver les crises écologiques. Pour lui, l'aide humanitaire était une aberration[32].

30 La planification écologique a néanmoins permis certaines avancées : sortie progressive du charbon, protection juridique des espèces menacées, interdiction des CFC pour restaurer progressivement la couche d'ozone, notamment aux pôles, etc. Cependant, si ces mesures ont été efficaces sur certains aspects, elles n'ont jamais suffi à enrayer la crise écologique : elles en atténuent les effets sans en traiter les causes profondes.

31 « Freedom to breed will bring ruin to all. »

32 Hardin, G., 1974, "Lifeboat ethics: The case against helping the poor", *Psychology Today*, 8(4), 38-43. Hardin compare la planète à un canot de sauvetage contenant un nombre limité de places. Les pays riches sont déjà dans le canot, tandis que les pays pauvres nagent autour et cherchent à y monter. Selon lui, si on les laisse entrer (via l'aide internationale, l'accueil des réfugiés, etc.), on risque de surcharger le canot et de couler tout le monde.

Son essai le plus célèbre s'intitule *La Tragédie des communs*. Il a été publié en 1968. Il y expose son idée majeure, ou du moins celle qui l'a rendu célèbre : les ressources communes gérées localement seraient inévitablement surexploitées. Là résidait, à ses yeux, toute la tragédie. Il prend notamment l'exemple d'un champ utilisé collectivement par des éleveurs pour faire paître leurs bêtes. Chaque individu, agissant uniquement dans son propre intérêt, cherche à posséder le plus d'animaux possible et, donc, à maximiser la quantité d'herbe broutée par ces derniers. Ces comportements égoïstes aboutissent à l'épuisement de la ressource. Pour éviter ce scénario, Hardin prône deux solutions : la privatisation des communs, chacun son champ, ou, à défaut, leur gestion par une autorité extérieure capable d'imposer des règles claires de partage, soit, bien souvent, un État central.

Cette vision peut sembler effrayante, mais elle s'inscrit dans une logique historique. En Europe, l'accès aux communs a progressivement diminué depuis des siècles. Dès le XIe siècle, les seigneurs ont restreint l'accès à ces ressources pour mieux contrôler leurs paysans. Entre le XIVe et le XVIIIe siècle, la multiplication des clôtures a intensifié l'appropriation des terres par une élite sociale. En Angleterre, les Enclosure Acts ont expulsé des milliers de paysans ; en Écosse, les Highland Clearances ont vidé des villages entiers. Ce processus s'est encore intensifié avec la révolution industrielle. Dépossédés, les paysans ont migré en masse vers les villes afin de servir de bras dans les usines. Plus récemment, le remembrement des terres agricoles et la politique agricole commune ont accéléré la disparition des petits paysans et d'éléments essentiels pour la biodiversité, comme les haies ou les zones humides. On peut trouver des phénomènes similaires partout en Europe : en Espagne, les terres communales ont été massivement expropriées lors de la Desamortización ; tandis que Mussolini a drainé les marais pontins sous couvert de progrès.

Les recherches contemporaines ont invalidé cette vision. Hardin avait tort. Elinor Ostrom, première femme à recevoir le prix Nobel d'économie en 2009, a démontré que la tragédie des communs était une fiction fondée sur des hypothèses erronées. Hardin partait du principe que, sans autorité extérieure, les individus exploitaient égoïstement les ressources jusqu'à leur destruction. Or, Ostrom a prouvé que cette vision ignorait l'essentiel : les communautés humaines avaient toujours su organiser la gestion des ressources collectives en exerçant un fort contrôle social. Ou, en d'autres termes, l'éleveur qui utiliserait de manière trop intense le champ de Hardin devait rendre des comptes à ses voisins. Elle l'a démontré de manière empirique. Ses travaux, basés sur des cas concrets[33] à travers le monde, prouvent que les communs ne sont pas seulement viables, mais souvent plus efficaces que les solutions marchandes (privatisation) ou technocratiques (centralisation), même s'il existe bien entendu des exceptions.

33 Aux Philippines, les Zanjera, des groupes d'agriculteurs, ont établi des systèmes d'irrigation collectifs qui surpassent en efficacité les modèles imposés par l'État. Au Japon, des coopératives forestières locales, instaurées dès l'ère Tokugawa, ont régulé l'exploitation du bois grâce à des quotas et des mécanismes de surveillance communautaire, assurant ainsi la préservation des forêts sur plusieurs siècles.

Les États-nations, bien qu'indispensables pour réduire les inégalités sociales, montrent leurs limites face à l'extinction de masse des espèces. Sur le plan international, leurs priorités économiques de court terme l'emportent souvent sur les préoccupations environnementales. Au niveau local, leur approche uniforme et bureaucratique ignore les spécificités des écosystèmes et des communautés. Mais par quoi les compléter[34] afin de parvenir à réellement résoudre la crise écologique ?

La réponse se trouve, en creux, dans ce qui a déjà été écrit : une approche locale de la gestion des ressources. Les écosystèmes ne respectent pas les frontières politiques mais s'organisent selon des réalités physiques : bassins-versants, climats, sols. On parle de « biorégions », une vision modernisée des communs. En France, cela correspondrait à une vingtaine de biorégions de taille variable (Camargue, plaine d'Alsace, massif des Vosges, bassin parisien élargi, etc.). À l'échelle mondiale, des zones comme le bassin du Congo transcenderaient les divisions nationales. Les frontières ne seraient plus le résultat de guerres ou de rapports de force, mais reposeraient uniquement sur des réalités géologiques et climatiques. Il faudrait bien entendu conserver une forte solidarité entre ces nouvelles régions (ou nouveaux pays) pour éviter l'apparition ou le creusement d'inégalités sociales entre celles plus propices aux activités humaines et celles plus sensibles.

34 Il ne s'agit pas de les remplacer. Le sentiment de solidarité entre individus qu'ils ont su mettre en place est fort et précieux.

Redessiner la carte mondiale de cette manière peut légitimement sembler utopique. Des considérations politiques ou culturelles continueront nécessairement à intervenir. Néanmoins, cette vision a l'avantage de poser un objectif. En France, elle pourrait commencer par la remise en cause des si inefficaces « grandes régions » et de la métropolisation, pensées sur le principe erroné que « plus c'est grand, plus c'est efficace ». Une nouvelle carte territoriale serait dessinée qui ne comprendrait plus que les communes, auxquelles les Français sont attachés, et les biorégions. Et par un transfert massif de compétences et financements à ces biorégions.

Il ne s'agit pas bien entendu de supprimer l'action écologique de l'État (ou de l'Union européenne ou de tout organisme supranational). Son rôle restera essentiel pour organiser la solidarité, définir des valeurs communes ou des normes, arbitrer en cas de besoin et mettre en lumière les bonnes pratiques qui auront émergé localement. Il s'agit d'un transfert de pouvoir et de financement aux biorégions. Les bénéfices seraient multiples : rapidité d'action, souplesse, limitation de la bureaucratie, innovations locales, participation citoyenne renforcée, etc.

Par ailleurs, cette approche pourrait augmenter la popularité des mouvements écologistes. Les Gilets jaunes, soutenus à leur origine par près de 60 % de la population française, n'étaient rien d'autre qu'une révolte contre la centralisation[35] et un modèle dépassé. En défendant une vision écologiste de la structure administrative, les écologistes, au sens large, se donneraient les moyens de proposer une réponse à de nombreuses préoccupations actuelles des citoyens et des citoyennes, qu'il s'agisse de santé, d'éducation ou de sécurité. Le dernier rapport sur l'école primaire de la Cour des comptes (mai 2025) ne dit, en creux, pas autre chose : il appelle ainsi à « mieux associer les collectivités territoriales à la politique éducative ».

b. Une nouvelle représentation

Comment politiquement représenter l'ensemble de la population ? En 1975, dans sa nouvelle *Le Congrès*, Jose Luis Borges montrait déjà toute la difficulté de cette question : « Twirl, qui était doué d'une brillante intelligence, fit observer que le congrès posait avant toute chose un problème d'ordre philosophique. Jeter les bases d'une assemblée qui représentât tous les hommes revenait à vouloir déterminer le nombre exact des archétypes platoniciens, énigme qui, depuis des siècles, laisse perplexe les penseurs du monde entier. Il fit remarquer que, sans aller plus loin, don Alejandro Glencoe, pouvait représenter non seulement les propriétaires, mais encore les Uruguayens, et pourquoi pas les grands précurseurs, ou les hommes à barbe rousse, ou tous ceux qui s'asseyent dans un fauteuil. »

35 Voir par exemple : Hoibian, S., et al., 2020, « Le mouvement des Gilets jaunes ou les limites d'un modèle de société », *Crédoc*. Ou Kergreis, S., 2019, « Le mouvement des "gilets jaunes" en France : repères théoriques et interrogations multiples face à une innovation sociale territorialisée », *Université du Quebec*.

Aujourd'hui, il n'existe qu'une certitude : la démocratie est biaisée. En 2017, par exemple, 70 % des députés appartenaient aux catégories des cadres et des professions intellectuelles, alors que ces catégories ne représentent que 11 % de la population. Comment surmonter la crise écologique et sociale avec un tel déficit ? Trop de citoyens se sentent marginalisés et déconnectés des processus décisionnels.

Face à ce constat, certains défendent le référendum d'initiative citoyenne (RIC)[36], censé permettre aux citoyens de reprendre le pouvoir politique. Autrement dit, la « démocratie directe ». Cette proposition, en apparence démocratique, serait pourtant probablement pire que le mal.

Tout d'abord, elle mésestime ce que Tocqueville[37] appelait la tyrannie de la majorité. Un vote direct sans médiation peut facilement conduire à des décisions écrasant les minorités (ou allant à l'encontre des intérêts collectifs à long terme).

Ensuite, dans un paysage médiatique dominé par des intérêts économiques privés, un référendum peut rapidement devenir l'instrument des plus puissants plutôt qu'un outil d'émancipation citoyenne. Hanspeter Kriesi a bien montré[38] que des campagnes massives financées par des lobbys

36 Le Référendum d'Initiative Citoyenne (RIC) est un mécanisme démocratique permettant aux citoyens de proposer et voter des lois, modifier la Constitution ou révoquer des élus, sans passer par le Parlement.

37 *De la démocratie en Amérique*, 1835-1840.

38 *Direct Democratic Choice: The Swiss Experience*, Lexington Books, 2005.

suffisent à orienter l'issue d'un vote populaire. Dans ces conditions, le RIC ne renforcerait pas la démocratie : il ne ferait que livrer la décision politique aux forces de l'argent.

Les mécanismes de « démocratie participative », eux, souffrent souvent des mêmes biais que les élections traditionnelles, car seuls les individus déjà impliqués dans la vie publique s'y mobilisent. S'y retrouvent donc plus ou moins les mêmes profils qu'au sein des partis politiques. On ne fait alors que supprimer le suffrage universel, sans réellement élargir la participation. Là encore, le remède est pire que le mal.

Une solution serait d'organiser, dans les biorégions, le processus décisionnel autour de trois assemblées complémentaires. La première consisterait en une assemblée de scientifiques sélectionnés selon des critères objectifs et réunissant à la fois des spécialistes des écosystèmes locaux et des généralistes. Son rôle serait d'éclairer les débats et d'apporter une expertise indépendante. La deuxième serait une assemblée classique de membres élus, qui proposerait des textes décisionnels. La troisième regrouperait des citoyens et citoyennes tirées au sort et chargées de voter ou de rejeter, sans possibilité d'amendements, les propositions de l'assemblée élue. Le tirage au sort a été testé lors de la convention citoyenne pour le climat. Des défauts d'organisation ont limité son efficacité : compensation financière insuffisante ; manque de formation ; absence d'obligation, etc. Néanmoins, son principe mérite d'être approfondi et perfectionné.

La révolution écologique sera territoriale et démocratique

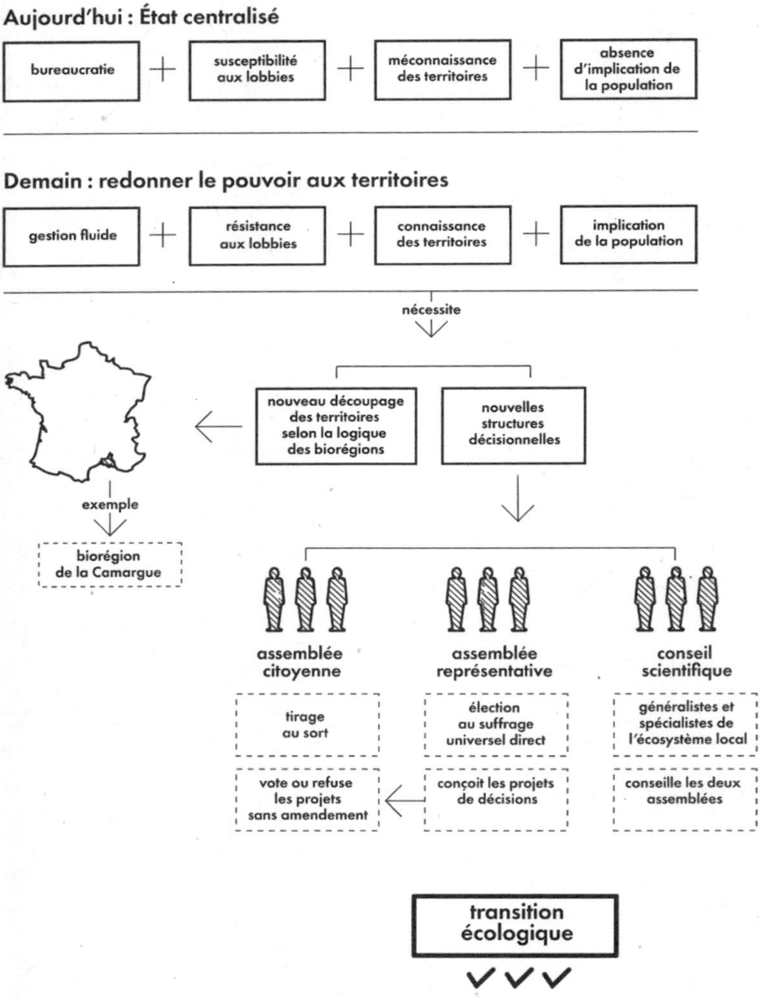

Un tel système, qui combine expertise, légitimité démocratique et participation citoyenne, réduit les biais de l'actuelle démocratie représentative, tout en évitant de tomber dans ceux de la démocratie directe.

Conclusion

La lutte contre le changement climatique est un combat fondamental. Il ne s'agit pas de minimiser son importance, mais de prendre de la hauteur. Aujourd'hui, la cause écologique semble avoir atteint un plafond de verre : elle ne progresse plus dans l'opinion publique. Or, ce qui n'avance pas, régresse. Il est donc temps de construire un nouveau récit politique.

Aujourd'hui, un autre combat, vital lui aussi, reste dans l'ombre : l'extinction du vivant et de la biodiversité. Pourquoi ne pas en faire le cœur de ce nouveau récit ? Il présente en effet des caractéristiques qui permettraient de toucher un tout autre public ! Contrairement à la crise climatique, abstraite et technique, il fait également appel à la sensibilité et à l'émotion. Il ne s'agit plus seulement d'expliquer, de comprendre et d'agir rationnellement, mais de ressentir.

Plutôt que de considérer la crise de la biodiversité comme un simple volet de la crise climatique, pourquoi ne pas renverser la perspective ? Et si la crise climatique n'était que l'une des causes d'un problème plus large, celui de l'extinction du vivant ? Saurons-nous reconnaître cette urgence ?

Table des illustrations

Table des matières

Du même éditeur

Dans la collection ESSAI

La Risco-résilience – Petite méthode d'anticipation positive des risques majeurs naturels et humains, Frédéric Besset, 2017

3 000 ans après Ulysse – Qu'est devenue la civilisation méditerranéenne ?, Jean Glavany, 2021

Ce qui me permet de dire JE – Petit traité d'ontologie relative, Pascal Bouchard, 2022

L'avocat souverain – Plaidoyer déontologique pour l'avocat en entreprise, Loïc Dusseau, 2023

En librairies
Et sur
www.edisens.fr

Papiers utilisés :
ARENA ROUGH natural, certifié FSC® mix , composé de pâte ECF,
Surface brute, ECF (elementary chlorine free)
Nautilus Classic blanc FSC® Recycled 100%, Ange Bleu,
écolabel européen, PSC (procédé sans chlore)

IMPRIM'VERT®

Imprimeur : Corlet
N° d'impression : 25060099
Achevé d'imprimer en juin 2025
Dépôt légal : juin 2025

EDISENS
RCS Paris 824 063 044
4 rue des Anglais 75005 Paris
pole-edition@edisens.fr

ediSens /Cedif – Pollen
juin 2025